Ernst Gehmlich

Der Gefühlsinhalt der Sprache

Ernst Gehmlich

Der Gefühlsinhalt der Sprache

ISBN/EAN: 9783743389151

Hergestellt in Europa, USA, Kanada, Australien, Japan

Cover: Foto ©Andreas Hilbeck / pixelio.de

Manufactured and distributed by brebook publishing software (www.brebook.com)

Ernst Gehmlich

Der Gefühlsinhalt der Sprache

Pädagogisches Magazin.

Abhandlungen vom Gebiete der Pädagogik und ihrer Hilfswissenschaften.

Herausgegeben von
Friedrich Mann.

120. Heft.

Der

Gefühlsinhalt der Sprache.

Von

Dr. Ernst Gehmlich.

Langensalza,
Verlag von Hermann Beyer & Söhne,
Herzogl. Sächs. Hofbuchhändler.
1899.

Preis 1 M.

Verlag von HERMANN BEYER & SÖHNE in Langensalza.

Bibliothek pädagogischer Klassiker.

Eine Sammlung der bedeutendsten pädagogischen Schriften älterer und neuerer Zeit.

Herausgegeben von
Friedrich Mann.

PESTALOZZI's Ausgewählte Werke. Mit Einleitungen, Anmerkungen und Pestalozzi's Biographie herausgegeben von FRIEDRICH MANN. 4. Aufl. 4 Bände. Preis 11 M 50 Pf., eleg. gebunden 15 M 50 Pf.

SCHLEIERMACHER's Pädagogische Schriften. Mit einer Darstellung seines Lebens herausgegeben von C. PLATZ. 2. Auflage. 1 Band. Preis 5 M, eleg. gebunden 6 M 20 Pf.

J. J. ROUSSEAU's Emil. Übersetzt, mit Einleitungen und Anmerkungen versehen von Dr. E. v. SALLWÜRK, Grofsherzogl. Badischem Oberschulrat, mit Rousseau's Biographie von Dr. THEODOR VOGT, Professor an der Wiener Universität. 3. Aufl. 2 Bände. Preis 6 M, eleg. gebunden 8 M.

HERBART's Pädagogische Schriften. Mit Herbart's Biographie von Dr. FRIEDRICH BARTHOLOMÄI. 6. Auflage, neu bearbeitet und mit erläuternden Anmerkungen versehen von Dr. E. von SALLWÜRK 2 Bände. Preis 5 M 50 Pf., eleg. gebunden 7 M 50 Pf.

AMOS COMENIUS' Grofse Unterrichtslehre. Übersetzt, mit Anmerkungen und des Comenius' Biographie versehen von Prof. Dr. TH. LION. 3. Aufl. 1 Band. Preis 3 M, eleg. gebunden 4 M.

JOHANN AMOS COMENIUS' Schola Ludus d. i. Die Schule als Spiel. Ins Deutsche übertragen von WILHELM BÖTTICHER, Oberlehrer am Realgymnasium und Gymnasium in Hagen i. W. 1 Band. Preis 3 M, eleg. gebunden 4 M.

JOH. AMOS COMENIUS INFORMATORIUM. Der Mutter Schul. Herausgegeben von Professor Dr. C. TH. LION. 1 Band. Preis 0,60 M, elegant gebunden 1,20 M.

AUGUST HERMANN FRANCKE's Pädagogische Schriften nebst einer Darstellung seines Lebens und seiner Stiftungen, herausgeg. von Geheimrat Prof. Dr. G. KRAMER, ehem. Direktor der Franckischen Stiftungen. 2. Aufl. 1 Band. Preis 4 M, eleg. gebunden 5 M.

MICHEL de MONTAIGNE. Auswahl pädagogischer Stücke aus Montaigne's Essays, übersetzt von ERNST SCHMID. 2. Aufl. 1 Bändchen. Preis 50 Pf., eleg. gebunden 1 M 10 Pf.

IMMANUEL KANT, Über Pädagogik. Mit Kant's Biographie neu herausgegeben von Prof. Dr. THEODOR VOGT. 2. Auflage. 1 Band. Preis 1 M, eleg. geb. 1 M 75 Pf.

F G. DINTER's Ausgewählte pädagogische Schriften. Mit Einleitungen, Anmerkungen, sowie einer Charakteristik des Autors herausgegeben von FRIEDRICH SEIDEL. 2. Auflage. 2 Bände. Preis 6 M 50 Pf., eleg. gebunden 8 M 50 Pf.

J. B. BASEDOW's Pädagogische Schriften. Mit Basedow's Biographie herausgegeben von Dr. HUGO GÖRING. 1 Band. Preis 5 M, eleg. geb. 6 M 20 Pf.

Zu beziehen durch jede Buchhandlung.

Der
Gefühlsinhalt der Sprache.

Von

Dr. Ernst Gehmlich.

Pädagogisches Magazin, Heft 120.

Langensalza,
Verlag von Hermann Beyer & Söhne.
Herzogl. Sächs. Hofbuchhändler.
1899.

Nach einer weit verbreiteten Meinung, die sich vom Zeitalter der Aufklärung her auf uns vererbt hat, steht die Sprache durchaus im Dienste des Intellekts; sie sei, so meint man, lediglich aus dem Bedürfnisse nach Verständigung entsprungen und drücke so nur Vorstellungen und Gedanken aus. Daraus erklärt sich die Erscheinung, dafs man das Verhältnis zwischen Sprechen und Denken mit einer Ausschliefslichkeit untersucht, als ob eine Beziehung zwischen Sprechen und Fühlen gar nicht vorhanden wäre oder doch für eine eingehendere Untersuchung nicht in Betracht käme. Nun ist es ja zweifellos richtig, dafs die Wörter zunächst Zeichen für Vorstellungen sind, die man anderen mitteilen, zu deren Erzeugung man sie veranlassen will. »Den nächsten Inhalt des Gesprochenen bilden daher immer die Vorstellungen des Sprechenden; sie allein sind das, was die Worte unmittelbar bedeuten.«[1]) Direkte Bezeichnungen einzelner Gefühle giebt es nicht; denn die Ausdrücke Freude, Lust, Trauer u. s. w. sind nicht Namen für individuelle Gefühle, sondern für ganze Klassen von Gefühlen, sind also Begriffe, die sich an das Denken wenden, indem sie das Gemeinsame ähnlicher Gefühle herausheben. Die »Armut der Sprache an spezifischen Gefühlsbezeichnungen ist eine psychologische Folge der subjektiven Natur der Gefühle, vermöge deren hier alle jene Motive der prak-

---

[1]) *Zeller*, Vorträge und Abhandlungen, 3. Sammlung. S. 119.

verlauf verflochten sind, sei es nun, dafs sie unmittelbar auf die Gegenstände des Affekts hinweisen (als hinweisende Gebärden), sei es, dafs sie die Gegenstände und die mit ihnen zusammenhängenden Vorgänge durch die Form der Bewegung andeuten (als malende Gebärden).[1]) So werden körperliche Vorgänge fortwährend »zum unmittelbaren Ausdruck und Zeichen des Inneren.« Es ist also der Mensch, von Haus aus wenigstens, gar nicht im stande, seine Gemütsbewegungen zu verbergen, er kann die Ausdrucksbewegungen unter dem Einflusse der Erziehung, der Sitte, der Kultur zu hemmen suchen, wird sie aber schwerlich je ganz unterdrücken. Es gelingt ihm meistens nur, »das Innere zu verschleiern, selten es ganz zu verhüllen.« Von hervorragender Bedeutung für die Entwickelung der Sprache sind nun die pantomimischen Ausdrucksbewegungen. Indem der Mensch auf einzelne Gegenstände, die sein Gefühl erregen, hinweist oder sie nachbildet, »geht die Affektäufserung unmittelbar über in die Gedankenäufserung, als deren einfachste Form die Gebärdensprache sich darstellt.«[2]) Das Tier ist im allgemeinen noch beschränkt auf die Äufserung von Gefühlsregungen, erst auf einer höheren Entwickelungsstufe lernt es in einem geringen Mafse Vorstellungen ausdrücken, soweit diese nämlich mit Gefühlen und Affekten in Verbindung stehen. Auch das Kind in den ersten Wochen und Monaten seines Lebens sowie der Blödsinnige, der sich nicht zur Verstandesthätigkeit erheben kann, sind nur des Ausdrucks von Gefühlen und Trieben fähig. »Es liegt daher die gröfste Wahrscheinlichkeit vor, dafs sich überall die Gedankenäufserung aus der Äufserung der Gemütsbewegungen entwickelt habe.«[3]) Um so unwahr-

---

[1]) *Wundt*, ebend. S. 203 und Grundzüge der physiologischen Psychologie. 4. Aufl. II., S. 598 ff.
[2]) *Wundt*, Grundzüge, II, S. 610 und *Ziegler* a. a. O. 227 ff.
[3]) *Wundt*, Grundzüge, II, S. 599 und Vorlesungen über die Menschen- und Tierseele. 2. Aufl. S. 394. Vgl. auch *Bruchmann*, Psychologische Studien zur Sprachgeschichte. S. 8.

scheinlicher ist es da aber von vornherein, dafs die Sprache zu einem Werkzeuge blofser Verstandesthätigkeit geworden sei, wenn auch ihre weitere Ausgestaltung zu einer immer enger sich knüpfenden Verbindung mit dem Gedanken führte. Unter allen Gebärden, in denen sich Gefühle äufserten, gewannen allmählich die Lautgebärden den Vorzug, zunächst wohl, weil sie hörfähig sind, und dann auch aus dem Grunde, dafs sie eine viel reichere Modifikation zulassen.[1]) Aber entscheidend wirkte dabei offenbar auch der Umstand mit, dafs der Laut auf der einen Seite die mächtigste Gefühlsentladung, auf der anderen Seite die tiefste Gefühlserregung zu bewirken vermag. Die stärksten inneren Bewegungen begleiten Menschen und Tiere unwillkürlich mit mannigfachen Tönen. Schmerz, Lust, Verlangen, Angst lösen sich in vielfältig abgestuften Lauten aus. Mit Recht bemerkt *Lessing* in seinem »Laokoon« gegen die Meinung des modernen Kulturmenschen, nach welcher Geschrei und Thränen roh, unanständig und darum zu verbieten seien: »Schreien ist der natürliche Ausdruck des körperlichen Schmerzes. Homers verwundete Krieger fallen nicht selten mit Geschrei zu Boden. Die geritzte Venus schreit laut; nicht um sie durch dieses Geschrei als die weichliche Göttin der Wollust zu schildern, vielmehr um der leidenden Natur ihr Recht zu geben. Denn selbst der eherne Mars, als er die Lanze des Diomedes fühlt, schreit so gräfslich, als schrieen zehntausend wütende Krieger zugleich, dafs beide Heere sich entsetzen. So weit auch Homer sonst seine Helden über die menschliche Natur erhebt, so treu bleiben sie ihr doch stets, wenn es auf das Gefühl der Schmerzen und Beleidigungen, wenn es auf die Äufserung dieses Gefühls durch Schreien oder durch Thränen oder durch Scheltworte ankommt.« Die Reflexlaute, in denen sich heftige Gefühle entladen, werden völlig unbeabsichtigt zu einem Mittel der Verständigung, zu Trägern der Mitteilung, indem sie in den

---

[1]) *Wundt*, Grundrifs. S. 351.

Artgenossen sympathische Gefühlserregung wachrufen.¹) Es beruht dies auf der Thatsache, dafs unsere Gehörsvorstellungen den ausgeprägtesten Gefühlston haben, und dafs somit das Ohr »unter allen Sinnen den unmittelbarsten Zugang zum Gemüte des Menschen öffnet.«²) Dem Taubstummen, dessen Gemüt nicht durch das Gehör ergriffen werden kann, bleibt immer ein schwer zu bändigendes Ungestüm, eine Neigung zu Trotz und Hartnäckigkeit eigen, so dafs ihm *Kant* nur ein Analogon von Vernunft zugestehen wollte. Der Blinde dagegen, dessen geistige Ausbildung sich hauptsächlich auf der Grundlage der Gehörsempfindungen vollzieht, zeigt die Züge des Gemäfsigten, Milden, Weichen. Und wenn es ferner eine feststehende Thatsache ist, dafs unter allen Tieren die stummen, namentlich die Fische, den grausamsten Qualen ausgesetzt sind, woher anders ist dies zu erklären, als daraus, dafs ihnen nicht die Waffe des Schmerzenslautes zu Gebote steht, mit der sie das Gemüt des Menschen treffen könnten? Nach einer feinen Bemerkung *Wilhelm Humboldts* knüpft sich das Gefühl des Heimwehs vor allem an die mächtigen Eindrücke, die wir durch das Ohr empfangen. Er weist auf die Schweizer hin, deren Sehnsucht nach der Heimat durch nichts so heftig erregt wird als durch »die ganz eigentümliche und nur dort übliche Reihe von Modulationen, welche den sog. Kuhreigen bildet, der von Worten ganz getrennt und auf keine Melodie oder Musik beschränkt ist.«³) Und obgleich das Alphorn in dem Liede »Zu Strafsburg auf der Schanz,« dessen Klang den Schweizer zur Fahnenflucht verleitet, eine Zuthat der Herausgeber des »Wunderhorns« ist, so ist doch die Änderung psychologisch trefflich, was sich vor allem darin zeigt, dafs sie vom Volke bereitwillig angenommen worden ist. Aber erfahren wir nicht täglich die Kraft der musikalischen Klänge über das

---

¹) *Paulsen*, Einleitung in die Philosophie. S. 205.
²) *Waitz*, Allgemeine Pädagogik. S. 249.
³) Briefe an eine Freundin. Reclamsche Ausgabe. S. 293.

Gemüt an uns selbst? Die Musik ist reine Gefühlskunst, unter allen Künsten die unmittelbarste. Zwar werden in den Ablauf einer Tonreihe zahlreiche Vorstellungen verflochten, allein deren bestimmte Qualität ist von den Tönen gänzlich unabhängig. Wenn mehrere eine schwermütige Musik hören, so denkt der eine vielleicht an ein Begräbnis, der andere an einen trüben Herbsttag, der dritte an einen Tag schwerer Not und Bedrängnis, in jedem wird also eine andere Vorstellungsmasse in Bewegung gesetzt. Die Musik wirkt in allen nur auf das Gefühl und bewirkt in allen Gefühle von gleichem Grundcharakter, während sich die besondere Art und Qualität der Vorstellungen, die nach psychologischen Gesetzen zu den Gefühlen in Beziehung treten müssen, aus der Vergangenheit und dem davon abhängigen gegenwärtigen Zustande des individuellen Bewufstseins erklärt. Soll die Musik in allen Hörern dieselben Vorstellungsreihen wachrufen, dann mufs man sie mit der Sprache verbinden, indem man einen Text unterlegt oder wenigstens durch eine Überschrift die Richtung andeutet, die der Vorstellungslauf einschlagen soll. Die sog. »absolute« oder »reine« Musik, die nur auf ihre eigenen Hilfsmittel angewiesene Tonkunst, giebt nur innerer seelischer Erregtheit Ausdruck. Dafür aber reicht ihre Wirkung bis in die tiefsten Tiefen und höchsten Höhen des Gefühlslebens, »bis dorthin, wohin der Verstand nicht reicht und des Lebens Mühe und Not nicht störend eingreift. Darum erhöht sie auch nach dem Gesetz des Zusammenhangs aller seelischen Kräfte die Spannung des Geistes und die Schwungkraft des Gemüts.«[1]) Niemals erfährt man die Wirkung der Musik und überhaupt der Gehörsvorstellungen auf das Gemüt lebendiger als im Kampfe, in der Schlacht. »Kein anderer Reiz ist im stande, unsere Selbstsucht, die durchs Hängen am eigenen Leben ihren mächtigsten Ausdruck findet, so sehr zurück-

---

[1]) *Benedikt*, Die Seelenkunde des Menschen als reine Erfahrungswissenschaft. S. 121.

zudrängen, als der Klang der Kriegstrompete, unter deren Macht wir uns ins Gewühl der mörderischen Schlacht stürzen.«¹) Die Schlachtmusik und der Donner der Schlacht wirken ganz anders auf uns als der Anblick des trefflichsten Schlachtengemäldes, welche Beobachtung *Schleiermacher* veranlaſste, das Ohr als den Sinn der Furcht und des Mutes zu bezeichnen. ²) Wenn nun nach dem allem im Laute sich tiefste Empfindung äuſsert und durch den Laut die Seele sich zu überwallender Bewegung erregen läſst, sollte dann nicht auch der Sprache etwas von dieser gefühlsentladenden und gefühlserregenden Kraft geblieben sein? In der That, das lebendige Wort wirkt noch anders auf uns als der tote Buchstabe, der nur zum klaren, objektiven Sinne des Gesichtes spricht; das Wort ergreift mit seinem Klange unmittelbar das Gemüt und enthüllt uns eine lebendige Innerlichkeit. Soweit die Rede noch ursprünglicher Empfindungslaut ist, schreiben wir ihr einen Ton zu, den wir mannigfach verändern, um unseren Worten einen bestimmten Gefühlscharakter zu verleihen. Der Ton macht die Rede warm oder kalt, läſst sie zu Herzen gehen, läſst empfinden, ob sie von Herzen kommt. Daher sagt ein französisches Sprichwort: »Der Ton ist's, der die Musik macht.« In den Ton läſst sich auſserordentlich viel legen. Claudia in *Lessings* »Emilia Galotti« hat aus dem Munde des sterbenden Grafen Appiani als letztes Wort den Namen Marinelli gehört, worüber sie gegen den Träger dieses Namens, den Mörder des Grafen, bemerkt: »Ich verstand es (das letzte Wort) erst auch nicht: obschon mit einem Tone gesprochen — mit einem Tone! Ich kann ihn nicht nachmachen; ich kann ihn nicht beschreiben: aber er enthielt alles! alles! Marinelli, Marinelli war das letzte Wort des sterbenden Grafen! Mit einem Tone! Ha, könnt' ich ihn nur vor

---

¹) *Benedikt*, ebend. S. 121.
²) Pädag. Schriften, herausgeg. von *Platz*, S. 487 u. 493. Vgl. dazu auch *Volkmann Ritter v. Volkmar*, Lehrbuch der Psychologie. 2. Aufl. I, S. 264 ff.

Gericht stellen, diesen Ton!« So hat die Sprache etwas mit der Musik gemein, sie kann durch ihren Klang die Seele in Schwingungen versetzen. Und doch ist das Wort mehr als der musikalische Ton, mehr als unmittelbarer Empfindungslaut, es ist zugleich Symbol für ein Objekt, Zeichen für einen Vorstellungsinhalt. Die Reflexlaute, durch die sich die innere Erregung kundgiebt, hat der Mensch mit dem Tiere gemeinsam, und auch die Tiere gebrauchen sie bereits absichtlich als ein Mittel der Verständigung und wissen sie im Verkehre unter einander und mit dem Menschen nach den Bedürfnissen der jeweiligen Lage verschiedenartig zu gestalten.[1]) Indem aber der Mensch die ursprünglich gleichsam »noch unorganische Lautmaterie« artikulieren lernte, die Laute fest mit Bildern äufserer Gegenstände associierte und sie so zu Zeichen und Namen der Dinge machte, ging aus dem Chaos der Reflexlaute eine organisierte Sprache hervor. »Die Tiersprache, wenn wir sie so nennen wollen, hat keine Artikulation, und ihre Laute haben keine objektive Bedeutung, das heifst, sie sind Begleiterscheinungen und Symbole für subjektive Willens- und Gefühlserregungen, aber sie sind nicht Namen für Dinge und Vorgänge. Menschliche Sprache haben wir da, wo ein artikuliertes Lautgebilde als Name für ein Ding oder einen Vorgang gebraucht wird; der Seufzer oder der Schrei gehören nicht zur Sprache. Auch der Sprache ist das Moment der subjektiven Erregung nicht fremd geworden, es tritt in Klang und Betonung hervor, aber das Wort als solches, und schon die Wurzel ist ein Wort, ist Zeichen für einen bestimmten Vorstellungsinhalt.«[2]) Darnach möchte es wohl scheinen, als ob wir zwar durch den Ton dem Worte unsere innere Erregung mitgeben und sie so auf den Hörenden übertragen könnten, niemals aber im stande

---

[1]) *G. v. d. Gabelentz*, Die Sprachwissenschaft, sagt S. 3 von dem Hunde und den Singvögeln: »Ihre rhetorische Leistungsfähigkeit ist erstaunlich.«

[2]) *Paulsen* a. a. O. S. 205/6.

seien, durch das Wort als solches, sei es nun seine Form oder seinen Inhalt, ein Gefühl in anderen zu erwecken, da ja dem Worte lediglich ein Vorstellungsinhalt eigen sein soll. Aber wie läfst sich dann die Erregung begreifen, in die z. B. in Goethes »Iphigenie auf Tauris« Pylades versetzt wird, als er Iphigenie griechisch reden hört, so dafs er von Beseligung überwältigt ausruft:

»O süfse Stimme! Vielwillkommner Ton
Der Muttersprach in einem fremden Lande!
Des väterlichen Hafens blaue Berge
Seh' ich Gefangener neu willkommen wieder
Vor meinen Augen. Lafs dir diese Freude
Versichern, dafs auch ich ein Grieche bin!«

Hat etwa Iphigenie in erregtem Tone zu Pylades gesprochen und so den Sturm wogender Gefühle in seinem Herzen entfesselt? Nach der Dichtung ist dies gänzlich ausgeschlossen. Fast noch lehrreicher erscheint ein Beispiel aus *Wielands* Oberon. Kaum hat Scherasmin, ein in der Waldwüste des Libanon von einem Kriegszuge her zurückgebliebener Franke, die ersten fränkischen Laute aus Hüons Munde vernommen, als er schon im höchsten Entzücken ausruft:

»Was hör ich? —
O süfse Musik vom Ufer der Garonne
Schon sechzehnmal durchläuft den Sternenkreis die Sonne,
Und alle' die Zeit entbehr' ich diesen Ohrenschmaus.«

Was aber hat Hüon zu ihm gesprochen? Er hat begonnen, »ihm seinen Notstand zu entdecken,« wird also jedenfalls nicht in fröhlichem Tone geredet haben. Doch Scherasmin hört süfse Musik. Wie kommt das? Schon unzählige Male hat man die Erfahrung gemacht, dafs jedem, der im Auslande lange Jahre nur fremde Laute an sein Ohr schlagen hörte, die Muttersprache wie Musik klingt. Dabei ist es ihm gleichgiltig, aus wessen Munde er die heimischen Töne vernimmt, welches Inhalts sie sind, in welchem Tone sie gesprochen werden: sie klingen ihm wie Musik. Es ist das zunächst ganz im allgemeinen ein Zeugnis dafür, dafs die Sprache als Ganzes mit der

Gefühlswelt des Einzelnen in tief innerem Zusammenhange steht. Die Muttersprache umfafst unzweifelhaft nicht nur die Welt unserer Begriffe, sondern auch unsere Gefühle, und damit, wenn anders *Goethe* mit seinem »Gefühl ist alles!« recht hat, das Tiefste unserer Persönlichkeit und das Heiligste unseres Lebens. Daher bemerkt *W. v. Humboldt* mit Recht: »Die wahre Heimat ist eigentlich die Sprache. Sie bestimmt die Sehnsucht darnach, und die Entfremdung vom Heimischen geht immer durch die Sprache am schnellsten und leichtesten, wenn auch am leisesten vor sich.«[1]) Hieraus erklärt sich auch eine Erscheinung, auf die *Waitz* hinweist,[2]) dafs nämlich ein Buch wie die Bibel, das nach Form und Inhalt schon frühzeitig mit unserem Gemütsleben innig verwachsen ist, in fremdem Gewande, etwa in französischer Sprache, einen durchaus abstofsenden Eindruck auf uns macht. Denn die fremde Sprache ist uns allerdings ausschliefslich ein Mittel zur Verständigung, ein System von Zeichen für Vorstellungen und logische Beziehungen. Und sobald wir uns ihrer bedienen, müssen unsere Gefühle schweigen, können wir selbst nicht zu Worte kommen, uns nicht aussprechen. Schon bei der Erlernung einer fremden Sprache empfinden wir etwas wie Heimweh, die eine Sprache erscheint uns »wie die ärmliche Hütte eines Wilden, die andere wie ein Museum voll seltsamer Dinge, keine wie ein wohnliches Haus.«[3]) Wie viel heftiger wird das Gefühl der Vereinsamung den ergreifen, der mitten hinein in ein fremdes Sprachgebiet versetzt wird. In solcher Lage empfindet er die Wahrheit des bekannten Dichterwortes:

>»Ach, wie trüb ist meinem Sinn,
>Wenn ich in der Fremde bin,
>Wenn ich fremde Zungen üben,
>Fremde Worte brauchen mufs,
>Die ich nimmermehr kann lieben,
>Die nicht klingen als ein Grufs!«

---

[1]) A. a. O. S. 292. — [2]) A. a. O. S. 252.
[3]) *v. d. Gabelentz* a. a. O. S. 84.

Wenn nun in die Seele eines unter Fremden weilenden Menschen plötzlich heimische Laute klingen, mit welch elementarer Gewalt müssen dann in ihm die lange auf den Grund der Seele hinabgedrängten Gefühle emporstürmen in das Licht des Bewufstseins, zu jenen Lauten hin, mit denen sie sich frühzeitig vermählten, von denen sie aber schmerzliche Trennung so lange fernhielt. Will jemand dagegen einwenden, dafs man in fremdsprachiger Umgebung durchaus nicht einer dauernden Verkümmerung des Gemütslebens ausgesetzt sei, da man sich doch allmählich in das fremde Idiom einlebe und schliefslich darin heimisch werde, so ist dies als ein Irrtum zurückzuweisen. Aber giebt es nicht Leute genug, Diplomaten, Dolmetscher u. a., die mehrere Sprachen gleich geläufig sprechen, die das, was sie in der fremden Zunge über ihre Lippen bringen, auch gleich in der fremden Sprache denken, ohne es erst innerlich aus ihrer Muttersprache übersetzt zu haben? Wir leugnen es nicht. »Allein,« entgegnen wir mit *Schleiermacher,* »diese Reden sind auch freilich nicht aus dem Gebiet, wo die Gedanken kräftig aus der tiefen Wurzel einer eigentümlichen Sprache hervortreiben, sondern wie die Kresse, die ein künstlicher Mann ohne alle Erde auf dem weifsen Tuche wachsen macht. Diese Reden sind weder der heilige Ernst der Sprache, noch das schöne wohlgemessene Spiel derselben; sondern wie die Völker durcheinander laufen in dieser Zeit, auf eine Weise, die man sonst weniger kannte, so ist überall Markt, und dieses sind die Marktgespräche, mögen sie nun politisch sein oder litterarisch oder gesellig.«[1] Derartige Reden spielen »ganz in dem leichten und anmutigen Leben, ohne irgend eine Tiefe des Daseins aufzuschliefsen oder eine Eigentümlichkeit des Volkes zu bewahren.« Eine solche allgemeine Liebe, »welche für den lebendigen und höheren Gebrauch irgend eine Sprache

---

[1] »Über die verschiedenen Methoden des Übersetzens.« Sämtliche Werke. III, 2, S. 235.

gleichviel ob alte oder neue, der vaterländischen gleichstellen will,« ist nicht die rechte und wahrhaft bildende. »Wie einem Lande, so auch einer Sprache oder der andern, mufs der Mensch sich entschliefsen, anzugehören, oder er schwebt haltungslos in unerfreulicher Mitte.«¹) Thatsächlich fühlt sich der sprachgewandteste Diplomat nur in seiner Muttersprache völlig heimisch. Bismarck gilt als ein Meister der französischen Konversation. Wenn er aber bei seinen Unterhandlungen mit Jules Favre in Wallung geriet und er seiner Erregung Worte verlieh, dann warf er das fremde Gewand ab und sprach deutsch. Napoleon I. ist nie des Französischen völlig mächtig geworden; er ist ein Korse geblieben in seinem Denken und Fühlen, was die Franzosen bei seinen öffentlichen Ansprachen oft genug peinlich empfanden.²) Und soll ich noch an Friedrich den Grofsen erinnern? Ihm waren, wie *Schleiermacher* sagt, alle feineren und höheren Gedanken und, fügen wir hinzu, alle tieferen Gefühle durch eine fremde Sprache gekommen, »und diese hatte er sich für dieses Gebiet auf das innigste angeeignet. Was er französisch philosophierte und dichtete, war er unfähig deutsch zu philosophieren und zu dichten.«³) Aber doch ist er auch im Französischen nie völlig heimisch geworden, er schwebte thatsächlich zwischen zwei Sprachen in »unerfreulicher Mitte«. Sein Denken und Fühlen blieb im Grunde deutsch, und wenn er insbesondere seinen Gefühlen Ausdruck verlieh, in seinen Dichtungen, dann trat dieses Schweben zwischen zwei Sprachen vor allem unerfreulich in die Erscheinung: zahlreiche Germanismen entstellten das Französisch seiner Gedichte. Wie bekannt, rief ihm darum *Klopstock* in seiner Ode »Die Rache« zu:

»Wie der Geist sich auch hebt, er fliegt vergebens,
Wenn das Wort ihm nicht folgt. Der Ungeweihte
In der Sprache Geheimnis
Tötet das lebendste Bild.

---

¹) Ebend. S. 236.
²) *Oncken*, Das Zeitalter der Revolution, des Kaiserreiches und der Befreiungskriege. II, S. 355 u. 453. — ³) A. a. O. S. 234.

Du erniedertest dich, Ausländertöne
Nachzustammeln, dafür den Hohn zu hören:
Selbst nach Arouet's Säubrung
Bleibe dein Lied noch tüdesk.«[1])
An Friedrichs des Grofsen Beispiel sehen wir, dafs es nie oder doch nur ausnahmsweise gelingen kann, in einer fremden Sprache völlig frei wie in der Muttersprache zu produzieren.[2]) Solange es sich nur um die Darstellung von Gegenständen handelt, mögen in der Handhabung einer fremden Sprache erstaunliche Erfolge erzielt werden, sobald aber die Darstellung auf das Gebiet des Gemütslebens hinübergreift, wird sie immer die Kennzeichen der Stümperei an sich tragen. Legionen von Gelehrten und Dichtern haben lateinisch geschrieben, aber keiner hat einem Cicero oder einem Horaz seinen Ruhm streitig gemacht, keiner ein Werk hinterlassen, das in seiner Art als lateinisches Produkt klassisch wäre. Zu der Liebhaberei, lateinisch oder etwa französisch zu schreiben, bemerkt darum *Schleiermacher* vortrefflich: »Wenn es mit dieser wirklich darauf abgesehen wäre, in einer fremden Sprache gleich gut wie in der eigenen und gleich ursprünglich zu produzieren: so würde ich sie unbedenklich für eine frevelhafte und magische Kunst erklären, wie das Doppeltgehen, womit der Mensch nicht nur der Gesetze der Natur spotten, sondern auch andere zu verwirren gedächte. So ist es aber wohl nicht, sondern diese Liebhaberei ist nur ein feines mimisches Spiel, womit man sich höchstens in den Vorhöfen der Wissenschaft und

---

[1]) *Arouet* ist *Voltaires* eigentlicher Name, *Voltaire* sein Schriftstellorname (eigentlich *Arouet de Voltaire*). *Voltaire* nannte *Friedrichs* Gedichte »tüdesk«.

[2]) In *Goethes* »Wilhelm Meisters Lehrjahren« erzählt Aurelie von ihrem treulosen Freunde: »Während der Zeit unserer freundschaftlichen Verbindung schrieb er deutsch, und welch' ein herzliches, wahres, kräftiges Deutsch! Nun, da er mich los sein wollte, fing er an, französisch zu schreiben. — Ich fühlte, ich merkte, was es bedeuten sollte. Was er in seiner Muttersprache zu sagen errötete, konnte er nun mit gutem Gewissen hinschreiben.«

Kunst die Zeit anmutig vertreibt. Die Produktion in der fremden Sprache ist keine ursprüngliche; sondern Erinnerungen an einen bestimmten Schriftsteller oder auch an die Weise eines gewissen Zeitalters, das gleichsam eine allgemeine Person vorstellt, schweben der Seele fast wie ein lebendiges äufseres Bild vor, und die Nachahmung desselben leitet und bestimmt die Produktion. Daher auch selten auf diesem Wege etwas entsteht, was aufser der mimischen Genauigkeit einen wahren Wert hätte; und man kann sich des beliebten Kunststückes um so harmloser erfreuen, als man die gespielte Person überall deutlich genug durchblickt. Ist aber jemand gegen Natur und Sitte förmlich ein Überläufer geworden von der Muttersprache, und hat sich einer anderen ergeben: so ist es nicht etwa gezierter und angedichteter Hohn, wenn er versichert, er könne sich in jener nun gar nicht mehr bewegen; sondern es ist nur eine Rechtfertigung, die er sich selbst schuldig ist, dafs seine Natur wirklich ein Naturwunder ist gegen alle Ordnung und Regel, und eine Beruhigung für die anderen, dafs er wenigstens nicht doppelt geht wie ein Gespenst.«[1]) So sind alle die, wenn auch nicht in gleichem Mafse, so doch stets mit gleicher Sicherheit mifslingenden Versuche, völlig frei und ursprünglich in einer fremden Sprache zu produzieren, ein Beweis, dafs die Sprache nicht nur einen Vorstellungs-, sondern auch einen Gefühlsinhalt hat. Denn stünde sie lediglich im Dienste des Intellekts, so bliebe ihr zwar immerhin noch Raum genug zur Entfaltung eines eigentümlichen Charakters, aber woher sollte sie jene geheimnisvollen Schätze nehmen, zu denen dem Fremden der Zugang ewig verwehrt bleibt, wenn nicht aus der Tiefe des Volksgemüts? Ja. die Irrationalität, die durch die innige Verbindung der Sprache mit dem Gefühl zwischen verschiedenen Idiomen geschaffen wird, ist so grofs, dafs sie nicht nur keine Vertauschung der Sprachen in einem Individuum,

---

[1]) A. a. O. S. 237.

sondern kaum eine wirkliche Übersetzung aus der einen
in die andere zuläfst. Wenn man die Fälle, in denen das Übersetzen ein
rein mechanisches Geschäft zu sein scheint, da man für
jeden ·fremden Ausdruck sogleich einen entsprechenden
der Muttersprache zur Hand hat, genauer untersucht, so
wird man bemerken, dafs es sich hier immer um klar
bezeichnete Gegenstände oder Vorgänge der Aufsenwelt,
frei von jeder Zuthat subjektiver Auflassung, handelt, wie
es zum Beispiele auf dem Gebiete des Geschäftslebens
die Regel ist. *Schleiermacher* nennt ein derartiges Übertragen nur ein Dolmetschen. Der Dolmetscher »verwaltet
sein Amt in dem Gebiet des Geschäftslebens«, auf dem
die Rede ganz durch vor Augen liegende Gegenstände
oder äufsere Thatsachen gebunden ist, wo alle Verhandlungen gewissermafsen einen arithmetischen oder geometrischen Charakter haben, Zahl und Mafs überall zu
Hilfe kommen, der Inhalt der Wörter durch Gesetz und
Gewohnheit fest bestimmt ist, und so nur unbedeutende
Verschiedenheiten der Sprachen zu Tage treten.[1]) Der
Übersetzer überträgt dagegen Erzeugnisse der Wissenschaft
und Kunst, »in denen das freie eigentümliche kombinatorische Vermögen des Verfassers auf der einen, der Geist
der Sprache mit dem in ihr niedergelegten System der
Anschauungen und Abschattung der Gemütsstimmungen
auf der andern Seite alles sind, der Gegenstand auf keine
Weise mehr herrscht, sondern von dem Gedanken und
Gemüt beherrscht wird, ja oft erst durch die Rede geworden und nur mit ihr ·zugleich da ist.«[2]) Zweierlei
ist es insbesondere, wodurch schon der Geist der Sprache
dem Übersetzer die Arbeit unendlich erschwert: die
»lebendigen malerischen Ausdrücke dichterischer Werke«,
die eben auf das Gemüt wirken, und daneben die »abgezogensten, das Innerste und Allgemeinste der Dinge
bezeichnenden« Ausdrücke der höchsten Wissenschaft.

---

[1]) A. a. O. S. 209 ff. — [2]) A. a. O. S. 211.

Sollte freilich an jenen allgemeinsten Ausdrücken der Philosophie nicht immer auch das Gemüt seinen wenn auch nicht unmittelbar zu erkennenden Anteil haben? Jene Ausdrücke haben aber nicht nur eine eigene Färbung nach dem Geiste der Sprache, der sie angehören, sondern auch nach der Eigentümlichkeit dessen, der sie anwendet. Jede sprachliche Darstellung will »gefaſst sein aus dem Gemüt des Redenden als seine That, als nur aus seinem Wesen gerade so hervorgegangen und erklärbar.« Und in der Weise, wie der Verfasser nun eigentümlich einwirkte auf den Ton und die Stimmung des Gemütes seiner Sprachgenossen, soll auch der Übersetzer zu seinen eigenen Landsleuten sprechen. Aber gerade daraus erwächst ihm die gröſste Schwierigkeit. Welche Zeit und Überlegung hat es *Luther* gekostet, ehe er das treffliche Wort »Holdselige« fand oder vielmehr schuf, um den Gefühlsinhalt des Engelsgruſses seinen Deutschen vermitteln zu können! Und *Wilhelm von Humboldt*, ebenfalls ein Meister der Übersetzungskunst, gesteht in der Vorrede zu Agamemnon von Aeschylos geradezu: »Ein solches Gedicht ist, seiner eigentümlichen Natur nach, und in einem noch viel anderen Sinne, als es sich überhaupt von allen Werken groſser Originalität sagen läſst, unübersetzbar. Man hat schon öfter bemerkt, und die Untersuchung sowohl, als die Erfahrung bestätigen es, daſs, so wie man von den Ausdrücken absieht, die bloſs körperliche Gegenstände bezeichnen, kein Wort einer Sprache vollkommen einem in einer anderen gleich ist. Verschiedene Sprachen sind in dieser Hinsicht nur ebensoviel Synonymien, jede drückt den Begriff etwas anders, mit dieser oder jener Nebenbestimmung, eine Stufe höher oder tiefer auf der Leiter der Empfindungen aus. — Ein Wort ist so wenig ein Zeichen eines Begriffs, daſs ja der Begriff ohne dasselbe nicht entstehen, geschweige denn festgehalten werden kann; das unbestimmte Wirken der Denkkraft zieht sich in ein Wort zusammen, wie leichte Gewölke am heiteren Himmel entstehen. Nun ist es ein individuelles Wesen, von be-

stimmtem Charakter und bestimmter Gestalt, von einer
auf das Gemüt wirkenden Kraft und nicht ohne Vermögen, sich fortzupflanzen.« *Jean Paul*, um noch einen
klassischen Zeugen zu hören, tadelt in seiner Besprechung
des Buches »*De l'Allemagne*« von Frau *von Staël* an der
Verfasserin, dafs sie bei aller ihrer Sprach- und Autorenkunde und mit einem den Deutschen zugekehrten Herzen
doch nach Sprache und Geschmack gallisch bleibe, und
dafs ihr ein französischer Vorhang alles Ausländische verhänge. Mit ihren entmannenden Auszügen und Übersetzungen sei sie durchaus nicht im stande, Franzosen
und Deutsche einander näher zu bringen, ja man könne
überhaupt durch keine Übersetzung einem Ausländer das
Verständnis für die Schönheit unserer Dichtung erschliefsen.
»Im Deutschen ist bei aller Vielbeugsamkeit dennoch
etwas Indeklinables für andere Völker; denn *Goethe* und
Herder und *Klopstock* und *Lessing* können in keiner
Sprache als in der deutschen ganz genossen werden, und
nicht blofs unser ästhetischer Kosmopolitismus (Weltfreundschaft), auch unsere ästhetische Volkseigentümlichkeit sondert uns unter den Völkern aus.« Jede Übersetzung sei
nur »ein verkehrter bleicher Nebenregenbogen der ursprünglichen Farbenpracht«; die Übersetzung des *Goethe*schen Faust durch Frau *von Staël* vollends sei wie überhaupt jede französische Übertragung jener gewaltigen
Dichtung »nur eine graue kalte Nebensonne der *Goethe*schen Sonne im Löwen.«[1]) An einzelnen Proben der
*Staël*schen Übersetzungen weist *Jean Paul* vortrefflich
nach, dafs es insbesondere die deutschen Eigentümlichkeiten des Gefühlsausdrucks sind, die sich im Französischen nicht wiedergeben lassen. Es wird dies alles hinreichen, unser Urteil über Übersetzungen aus einer Sprache
in eine andere sicher zu begründen, ein Urteil, dem wir
mit *Waitz* folgenden Ausdruck geben: »Was aus einer
Sprache in die andere wirklich übertragen werden kann,

---
[1]) Sämtliche Werke. XIX, 191 ff.

beschränkt sich fast ganz auf Begriffe und Gedanken, die bis zu wissenschaftlicher Präzision durchgearbeitet sind, auf mathematisches, naturwissenschaftliches Räsonnement und auf Untersuchungen von annähernd gleicher Anschaulichkeit der Begriffe und Strenge der Schlüsse. Alles übrige bleibt namentlich in dem Mafse unübertragbar, in welchem es das Gemütsleben der fremden Nation berührt oder mit ihm verwachsen ist.«[1]) Aber giebt es nicht zahlreiche Übersetzungen, an denen man gleichwohl rühmt, dafs sie den Geist und die Empfindungsweise des Originals treu wiedergeben? Soweit dies zuzugestehen ist, mufs man doch zugleich bemerken, dafs es sich dann, wie etwa bei *Luthers* Bibelübersetzung, nicht um eine eigentliche Übersetzung, sondern um eine Umgiefsung ins Deutsche handelt.[2]) Auch von *Schlegels* Übersetzung *Shakespeares* sagt man mit Recht, dafs sie den englischen Dichterheros wie zu einem deutschen Dichter umgewandelt, uns den britischen Tragöden mit all seinen Eigenheiten wie einen der Unseren, »in dem wir germanisches Fleisch und Blut mit uneigennütziger Freude begrüfsten«, nahegerückt habe, »so dafs er nun in zahllosen Auflagen und Übersetzungen bei uns gelesen wird, und dafs wir uns mit Recht gegen sein Vaterland rühmen, ihm sei erst seine volle Anerkennung bei uns zu teil geworden.«[3]) Obgleich aber so *Schlegels* Übersetzung *Shakespeares* gerühmt wird als ein Meisterwerk, »dem sich kein anderer Versuch in irgend einer verwandten Gattung an die Seite stellen läfst,«[4]) ist sie immerhin nicht *Shakespeare* selbst, so dafs ein angesehener Schulmann, der die Hauptwerke *Shakespeares* im Gymnasium lesen lassen will, lebhaft bedauert, das Englische nicht in den Lehrplan der humanistischen Bil-

---

[1]) Allgemeine Pädagogik, S. 380. Vgl. auch *Bruchmann* a. a. O. S. 176.

[2]) Vgl. *Lamprecht*, Deutsche Geschichte. V, 1, S. 292.

[3]) *Gervinus*, Neuere Geschichte der poetischen Nationallitteratur der Deutschen. II, S. 633, und *H. Grimm*, Goethe, S. 307.

[4]) *Julian Schmidt*, Geschichte der deutsch. Litteratur. I, S. 536.

dungsanstalten aufgenommen zu sehen. Denn »Shakespeare in der Ursprache ist noch etwas ganz anderes als Shakespeare in unserer allerdings vortrefflichen Übersetzung von *Schlegel-Tieck*.« [1]
So haben wir durch eine umfassende Induktion einen besonderen Gefühlsinhalt der Sprache festgestellt. Die Sprache verdankt dem Bedürfnisse der Gefühlsäufserung ihre Entstehung, sie wendet sich an den Sinn, der unter allen in der innigsten Beziehung zum Gemütsleben steht, und sie erhält ihre Eigenart in erster Linie durch ihren Gefühlsinhalt. Der Doppelnatur des geistigen Lebens entsprechend hat sie zwei Seiten, »eine logisch-rationale und eine irrational-emotionelle«, sie bezeichnet zunächst Anschauungen und Begriffe, kann aber doch zugleich auch Gefühle und Willensvorgänge ausdrücken, steht also »zwischen der rein logischen Begriffssymbolik der Mathematik und der reinen Gefühlssprache der Musik« in der Mitte.[2]) Wenn man die Sprache einseitig in den Dienst des Denkens stellt, so beruht dies auf einem psychologischen Irrtum, nämlich auf der verkehrten Anschauung, als ob die objektiven und die subjektiven Faktoren unseres Seeleninhaltes als real geschiedene Vorhänge vorkämen. Thatsache aber ist, dafs sie nur durch willkürliche Abstraktion zu unterscheiden sind, »dafs es ebensowenig Vorstellungen giebt, die nicht Gefühle und Triebe von verschiedener Stärke in uns erregen, wie ein Fühlen und Wollen möglich ist, das sich nicht auf irgend welche vorgestellte Gegenstände bezöge.«[3]) Dabei ist der »Gefühlston« der Empfindungen nicht etwa nur eine nebensächliche Zugabe zum objektiven Vorstellungsinhalt. Für das Bewufstsein kommt dem Gefühle vielmehr die Priorität zu. »Das, was einer Vorstellung den Eintritt in das Bewufstsein erzwingt und was das Bewufstsein zunächst konstituiert, was als

---

[1]) *Schultz*, Meditationen. II, S. VIII.
[2]) Vgl. *Paulsens* Bemerkungen zu *Bruchmanns* angeführtem Buche im 3. Bande der »Zeitschrift für deutschen Unterricht«.
[3]) *Wundt*, Grundrifs. S. 18.

bewuſst empfunden wird, ist ein Gefühl, das Gefühlsmäſsige an der Empfindung oder die Empfindung als Gefühl.«[1] Auf der Thatsache dieser innigen Verbindung zwischen Vorstellung und Gefühl beruht die Möglichkeit, daſs die Sprache neben den Gedanken und Begriffen zugleich auch Erregungen des Gemüts bezeichnet. Ein Wort als Name für einen Gegenstand wird nach psychologischen Gesetzen immer auch das Gefühl mit bezeichnen, das sich mit der Vorstellung des betreffenden Objektes regelmäſsig verbindet. Allein streng genommen ist der Ausdruck, daſs an Vorstellungen Gefühle gebunden seien, nicht zutreffend, mindestens dem Miſsverständnis ausgesetzt. Denn wie die Vorstellungen selbst als Vorgänge aufzufassen sind, die von Gefühlen begleitet werden, so sind auch alle Veränderungen, »die sich in unserem unmittelbar gegenwärtigen Vorstellungsinhalte einstellen«, auch wieder Vorgänge, »die durch ihre Geschwindigkeit und durch die Art des eintretenden Wechsels sich unterscheiden, und die, wie die Vorstellungen selbst, mit Gefühlen verbunden sind.«[2] So sind alle Vorstellungsprozesse, mögen sie nun im Vorstellen eines äuſseren Gegenstandes oder in irgend welchen inneren Veränderungen dieses Vorstellens bestehen, zugleich Gefühlsprozesse. Es ergiebt sich daraus zugleich, wie unendlich groſs die Zahl unserer Gefühle ist oder sein kann, und es läſst sich daraus auch ersehen, daſs die im Laufe der Entwickelung des menschlichen Geistes sich immer inniger und fester gestaltende Verbindung der Sprache mit dem Vorstellen und Denken auch für die Ausbildung und den Ausdruck der Gefühle von gröſster Wichtigkeit ist. Indem die Sprache für die wachsende Zahl der Vorstellungen und logischen Beziehungen immer neue Mittel schafft, lernt sie zugleich den Gefühlsreichtum bewältigen, der parallel mit der Entfaltung des Vorstellungslebens

---

[1] *Ziegler* a. a. O. S. 55.
[2] *Wundt*, Vorlesungen über die Menschen- und Tierseele. 2. Aufl. S. 236.

durch Differenzierung der wenigen ursprünglichen vagen Gefühle gewonnen wird. Die Sprache giebt so den einzelnen Gemütszuständen eine bestimmte Form und grenzt ihre Klarheit ab. »Ein Gemütszustand, der sich in einer Sprache nicht durch einen bestimmten Ausdruck bezeichnen läfst, bleibt dem betreffenden Volke entweder unzugänglich oder doch unbewufst, kommt bei ihm selten vor oder prägt sich in wesentlich verschiedener Weise aus.« Wenn man dabei berücksichtigt, dafs die meisten Menschen nur die ihnen überlieferten Formen zum Ausdruck ihrer Gefühle gebrauchen lernen, so wird man sogar sagen dürfen, »dafs die Beschaffenheit und namentlich der Klarheitsgrad, deren ihre Gemütszustände fähig sind, hauptsächlich durch die Sprache, die sie sich aneignen, in bestimmter Begrenzung vorgezeichnet ist.«[1]) Bereicherung und Klärung des Gefühlslebens ist demnach der Erfolg, der sich durch die Verbindung der Sprache mit den Bildern der Aufsenwelt für das Gemüt einstellen mufste. Darauf mag die eigentümliche Erscheinung zurückzuführen sein, dafs ein Wort für uns zuweilen viel mehr beruhigende Kraft hat als eine besänftigende Musik. Die Klänge der Musik lassen uns bei dem Unbestimmten ihrer Gefühlswirkungen immer zwischen verschiedenen Gemütszuständen schweben, das Wort mit seinem fest umgrenzten Inhalt dagegen stellt in uns leichter eine einheitliche Gemütslage her.

Nachdem wir so im allgemeinen die Überzeugung gewonnen haben, dafs der Sprache ein selbständiger Gefühlsinhalt zukommt, zugleich auch die psychologischen Voraussetzungen dieser Erscheinung aufgewiesen haben, erhebt sich für uns die zweite Hauptfrage, in welcher Weise, durch welche Mittel es der Sprache möglich sei, Gefühle auszudrücken und im Hörenden zu erregen. Sie kann es, antworten wir, durch die Form der Wörter und Sätze und durch den Wortinhalt, also sowohl durch ihre formal-

---

[1]) *Waitz* a. a. O. S. 250 und 253.

grammatischen als auch durch ihre lexikalischen Hilfsmittel. Wir wenden uns mit unserer Untersuchung zunächst jenen zu. Von vornherein ist zu bemerken, dafs die Sprache selten oder nie durch die blofse Wortform oder den blofsen Wortinhalt eine Wirkung auf das Gefühl ausübt. Sie läfst in der Regel beides zusammenwirken. Schon das erste der formativen Mittel des Gefühlsausdrucks, das wir betrachten wollen, der Sprachlaut, erinnert uns daran, dafs unsere Unterscheidung nur auf einer Abstraktion beruht. Wort und Sache sind namentlich dem naiven Menschen so eng und fest mit einander verwachsen, dafs er glaubt, man könne den Dingen überhaupt keine anderen Namen geben, als es eben in seiner Muttersprache geschieht. Der Laut ist ihm das Symbol der Sache, ja wenn es sich um die Bezeichnungen von Schallempfindungen handelt, erscheint er geradezu als das Abbild, als eine Wiederholung, ein Analogon des Bezeichneten. Wie sich nun an die wahrgenommenen Klänge bestimmte Gefühle knüpfen, so werden auch die nachahmenden Laute von gewissen Gefühlen begleitet, die jenen völlig analog sind und leicht mit ihnen zusammenfliefsen. Es entsteht auf diese Weise das sog. »lautsymbolische Gefühl«.[1]) Die Wörter krachen, klatschen, lispeln, säuseln, Donner und andere wirken lediglich durch ihren Klang ähnlich auf unser Gefühl wie die Vorgänge, auf die sie sich beziehen. Sehr bald entdeckt der Sprachgeist Beziehungen zwischen Lauten und den Empfindungen anderer Sinnesgebiete. Das sinnliche Gefühl, das durch den Stich mit einem spitzen Gegenstande hervorgerufen wird, vergleicht er mit dem Gefühle, das in uns erregt wird, wenn gewisse Laute schneidend ins Ohr dringen. Das Wort »spitz« wird so ohne weiteres durch das lautsymbolische Gefühl fest mit der von ihm bezeichneten Eigenschaft äufserer Gegenstände verbunden. Derartiger Analogieen giebt es unzählige. »Das Wort »ge-

---

[1]) Vgl. darüber v. d. Gabelentz a. a. O. S. 217 ff.

lind« scheint einen gelinden Klang zu haben, »hart« einen harten, »süfs« einen süfsen, »sauer« und »herb« einen saueren und herben.«[1]) In erster Linie bezieht sich ja diese Verwandtschaft zwischen Laut und Sache immer auf das Vorgestellte und Begriffliche, aber daneben doch auch in deutlich erkennbarer Weise auf die Gefühlswirkung. So stellt z. B. *von der Gabelentz* die Wörter Schuft, Schurke, Hund, Lump und ebenso dumm, stumm, stumpf, dumpf, Dunst, Wust als klangverwandt zusammen und begründet dies damit, dafs ihnen allen »der tiefe Vokal etwas Stimmungsvolles«, also doch wohl eine gewisse übereinstimmende Gefühlsfärbung verleihe.[2]) In der Urzeit hatten für das Gefühl der Redenden alle Wurzeln lautsymbolischen Wert, welches Gefühl sich im Laufe der Zeiten nicht etwa verloren, sondern nur andere Richtungen genommen hat.[3]) Man wird *von der Gabelentz* völlig zustimmen, wenn er nicht nur die Wörter hüpfen, springen, schleichen, hinken, humpeln, schreien, wehen, graupeln, tönen, läuten, schnappen, zerren, sondern auch die Namen Busch, Strauch, Nufs, Splitter, Faser, Tropfen, Schnecke, Eidechse, Rabe, Eule, Fuchs, Luchs, Säge, Feile, Lappen, Runzel, Sense, Sichel, Zange als Träger eines lautsymbolischen Gefühls hinstellt.[4]) So wirkt die Sprache bereits durch das Material, aus dem sie sich aufbaut, und durch die Art, in der sie dies thut, auf unser Gefühl, eine Wirkung, deren wir uns erst dann völlig bewufst werden, wenn wir eine fremde Sprache erlernen und nun in so vielen Fällen die uns lieb gewordene Übereinstimmung zwischen Laut und Gegenstand vermissen.[5]) Das gesamte Lautwesen einer Sprache wird so in vielen Fällen ein Ausdruck der Gemütsart eines Volkes. Ob ein Volk zänkisch, streitsüchtig, geschwätzig oder schweigsam ist, wird sich häufig im Lautcharakter seiner Sprache zu er-

[1]) Ebend. S. 217. — [2]) Ebend. S. 219. — [3]) Ebend. S. 223.
[4]) Ebend. S. 217.
[5]) Auf lautsymbolischem Gefühle beruhen auch die Wirkungen des Reims und der Allitteration.

kennen geben. — Das Wort an sich stellt einen toten Lautkörper dar; Leben, Beseelung erhält es erst durch den Ton, den Accent. Wenn er auch nicht der Sprache selbst angehört, sondern immer erst vom Redenden zu den Worten hinzugebracht wird, so soll doch hier einiges über seine Bedeutung gesagt werden. Mit dem Tone bezeichnen wir eine ganze Anzahl von Abschattungen in unserer Aussprache. Ob jemand die Laute leise oder laut, scharf oder weich ausspricht, ob seine Stimme hoch oder tief liegt, ob er die Höhe der Stimme mannigfach verändert oder sie durchgängig in derselben Lage beharren läfst, das alles rechnen wir zum Ton und noch manches andere. Insofern uns die Laut- und Tonerzeugung als eine äufsere Erscheinung am Sprechenden entgegentritt, bezeichnet sie *v. d. Gabelentz* als Aussprachsweise, insofern sie aber Stimmungen zum Inhalte hat und Stimmungen wirkt, nennt er sie Stimmungsmimik im Gegensatz zur Onomatopöie, die zunächst äufsere Gegenstände oder Vorgänge nachbildet.[1]) Im Tone macht die Sprache der Eigenart des Redenden ein Zugeständnis, sie gewährt ihm einen Spielraum, die Stimmungen, die in seiner Seele gewisse Vorstellungen begleiten, der Aufsenwelt kund zu thun, auf der anderen Seite auch im Hörer Stimmungen zu erwecken, von denen man sein Gemüt bewegt sehen möchte. Der Ton wirkt demnach gefühlsentladend und gefühlserregend. Geben wir zunächst ein Beispiel dafür, wie sich im Tone die Stimmung des Sprechenden verschiedenartig äufsert. Der Satz: »Die spanische Armee ist geschlagen« bezeichnet an sich eine Thatsache, ein historisches Ereignis, zu dessen vorstellbarem Inhalte ich durch den Ton nichts hinzufügen kann, wie ich auch nichts von ihm hinwegzunehmen vermag. Aber ich kann den Satz aussprechen mit dem Accent bitterer Enttäuschung, niederer Schadenfreude, begeisterter Siegesfreude, wenn ich mich nämlich in die Lage der Ameri-

---

[1]) A. a. O. S. 361.

kaner versetze. Und so kann man überhaupt seiner Entschiedenheit oder Unsicherheit, der Freude, dem Schmerze, dem Erstaunen, dem Zorne, der Furcht und dem Schrecken und anderen Gefühlen und Affekten lediglich durch den Ton Ausdruck geben. Da unsere Stimmungen häufig genug von der uns umgebenden Welt der Objekte abhängen, so bekommt der Ton mittelbar auch objektive Bedeutung. Auf der anderen Seite wirkt der Ton gefühlserregend, wenn wir in der Seele des Hörers Furcht, Schrecken, Rührung, Mitleid und andere Regungen erwecken wollen und daher den Ton drohend, befehlend, flehend oder bittend gestalten. Der Ton vertritt hier die Kategorieen des Imperativs, des Optativs, er wird zur »unmittelbaren Äufserung syntaktischer Kategorieen«.[1]) Kleiden wir doch den Befehl: »Gieb es mir!« häufig genug in die Formen: »Du wirst es mir geben! Du giebst es mir!« und deuten lediglich durch den Ton an, dafs es sich hier nicht um die indikative, sondern um die optative Aussageweise handelt. Auf die hohe Bedeutung des Tones gründet sich die Überlegenheit der gesprochenen Sprache über die geschriebene. Da gerade der Ton die allen verständliche, daher allgemeine Sprache des Gemüts ist, die in jeder Einzelsprache ihre Stätte findet,[2]) so eifern besonders die Dichter gegen die nicht vom Tone beseelte, nur für das Auge verständliche Tintensprache. Aufser *Goethes* bekanntem Worte, dafs Schreiben ein Mifsbrauch der Sprache, stille für sich lesen ein trauriges Surrogat der Rede sei, führen wir noch einen Ausspruch *Klopstocks* über den Vorzug der gesprochenen Sprache an. Er sagt:

»Aber Ihr kennt dies Lied nicht. — ‚Wir lasens!‘ Laset es nur, saht

Also, weil Ihr es nicht sprachet, durch einen Flor ein Gemälde.«

Weil der Ton unmittelbar zum Gemüte spricht, schreiben wir der *viva vox* des Lehrers einen so mächtigen

---

[1]) Ebend. S. 361.
[2]) Ebend. S. 362.

Einflufs zu, dafs wir auch das beste Lehrbuch einem guten Lehrer nicht gleichzustellen vermögen. »Der Accent ist bei Kindern die halbe Sprache,« sagt *Iean Paul* mit Recht.[1] -- Unter all den Abschattungen der Aussprache, die wir unter den Bezeichnungen Ton oder Accent zusammenfassen, ist eine Art besonders hervorzuheben, die Betonung, d. h. »die nachdrückliche Hervorhebung eines Teiles der Rede durch stärkere Anstrengung der Stimmmittel.«[2] Sie verbindet sich nämlich gern mit einem der ursprünglichsten Gefühle des Menschen, mit dem rhythmischen Gefühle, und so erhalten wir als neues Mittel des Gefühlsausdrucks den Rhythmus. Das rhythmische Gefühl bildet sich im Menschen frühzeitig an den Tast- und an den Gehörsvorstellungen.[3] In der regelmäfsigen Folge rhythmischer Bewegungen, wie am Gehen und am Pendeln der Arme, unterscheiden wir zwischen Grenzpunkten gelegene Teilstrecken. Am Anfang und am Ende einer solchen Strecke liegt »ein Gefühl erfüllter Erwartung. Zwischen beiden Grenzen erstreckt sich aber ein vom ersten Punkte allmählich wachsendes Gefühl gespannter Erwartung, das bei Erreichung des zweiten Punktes plötzlich von seinem Maximum auf Null herabsinkt, um dem sehr rasch steigenden und wieder sinkenden Gefühl der Erwartung Platz zu machen, worauf dann der nämliche Verlauf von neuem beginnt. Auf diese Weise besteht der ganze Prozefs einer rhythmischen Tastbewegung von der Gefühlsseite aus betrachtet in dem regelmäfsigen Wechsel zweier qualitativ entgegengesetzter Gefühle, die sich ihrem allgemeinen Charakter nach hauptsächlich in der Richtung der spannenden und lösenden Gefühle bewegen, und von denen zugleich das eine ein Momentan-, d. h. sehr rasch zu seinem Maximum an- und wieder absteigendes, das andere ein Dauergefühl ist, indem es langsam zum Maxi-

---

[1] Sämtliche Werke. XXIII, S. 76.
[2] *v. d. Gabelentz* a. a. O. S. 357.
[3] *Wundt*, Grundrifs, S. 167 ff.

mum ansteigt, um dann plötzlich zu sinken.«¹) Beobachtungen auf verschiedenen Gebieten, bei den verschiedensten Menschen bestätigen übereinstimmend, dafs man geradezu von einem geistleiblichen Bedürfnis des Menschen nach Rhythmus sprechen darf.²) Wer in einem Zimmer die regelmäfsigen Taktschläge einer Uhr oder eines Metronoms vernimmt, wird bemerken, wie sich seine Atmung und seine Herzthätigkeit dem Verlaufe der Taktschläge anzupassen suchen, so dafs bestimmte Atmungsphasen mit bestimmten Taktschlägen zusammenfallen. Verändern die Metronomschläge ihre Geschwindigkeit, so suchen sich ihnen jene Thätigkeiten von neuem anzugleichen. Dieser Erscheinung auf körperlichem Gebiete läuft ein seelischer Vorgang parallel. »Man hat bei wachsender Geschwindigkeit der Taktschläge zuerst den Eindruck eines ruhigen, dann eines sthenischen, und endlich bei der schnellsten Folge den eines asthenischen Affektes.«³) Diese Affekte sind gewissermafsen formal, inhaltlich unbestimmt und nehmen erst dann eine konkrete Gestalt an, wenn sie sich mit einem qualitativ bestimmten Gefühlsinhalt verbinden, wie er z. B. den musikalischen Klanggebilden eigen ist. Da das rhythmische Gefühl im Grunde ein Affekt ist, so wird es eben in der Musik und in der Poesie ein wichtiges Hilfsmittel zur Schilderung und Erregung der Affekte. Der Takt als der rhythmische Träger einer Bewegung hat sich historisch zweifellos zuerst auf körperlichem Gebiete, im Tanze und Marsche, geltend gemacht. Die Sprache, die ja auch eine Bewegung ist, suchte am Takte teilzunehmen. »Das Lied und seine sprachliche Unterlage, der Vers, ist gleichsam ein Tanz der menschlichen Kehle.«⁴) Eine Bestätigung dieser Annahme liegt im angelsächsischen Namen für Opfer *lac*, gotisch *leich*, womit man »das aus

---

¹) *Wundt* a. a. O. S. 172/73.
²) *v. d. Gabelentz* a. a. O. S. 224.
³) *Wundt* a. a. O. S. 207.
⁴) *Borinski*, Deutsche Poetik, S. 52.

der Vermählung von Lied, Melodie und Tanz (oder Marsch) hervorgegangene Kunstprodukt« bezeichnet.[1])

In der altgermanischen Opferfeier vermählten sich Poesie, Musik und Tanz. »Der Massengesang ist zugleich Massenbewegung. Rhythmus und Metrum in Poesie und Musik sind eine Erbschaft des einst notwendig damit verbundenen Tanzes. Der viertaktige Halbvers ältester deutscher Gedichte mit den Strophengebilden, in denen er auftritt, findet sich in altindischen Hymnen wieder und zaubert der wissenschaftlich geschulten Phantasie ein Bild aus der arischen Urzeit vor. Wir erblicken einen Kreis von Menschen um die Opferstätte versammelt, sie bewegen sich vier Schritte vorwärts, vier Schritte rückwärts oder vier Schritte rechts, vier Schritte links. Die Bewegung begleitet gemessener Gesang. Und jede solche Bewegung von einem Ausgangspunkte weg bis zu diesem Punkte zurück entspricht einem Verse von acht Takten oder doppelt so vielen Silben in dem gleichzeitig gesungenen Liede.«[2]) *Hildebrand* hat nachgewiesen,[3]) dafs noch manches in Brauch und Sitte fortlebt, was mit *Scherers* Phantasiebild übereinstimmt. Er erinnert unter anderem an das Kinderspiel: »Es kommt ein Mann aus Ninive,« in dem die uralte Form des Opferreigens noch zu erkennen ist. Die Poesie hat sich vom Tanze getrennt, aber im Rhythmus ein Mittel der Gefühlsentladung und Gefühlserregung aus jener Verbindung zu selbständigem Gebrauche gewonnen. Wie bedeutend der Rhythmus auf das Gefühl einwirkt, sieht man am besten daraus, dafs z. B. *Shakespeare* überall, wo er einer Steigerung der inneren Erregung Ausdruck geben will, von der Prosa zur gebundenen Rede übergeht, dafs *Goethe* in seinem Egmont, um die Stimmung zu malen, die Prosa des Ganzen mit rhythmisch, ja geradezu metrisch geregelten Partieen durchsetzt, wenn er z. B. Egmont sagen läfst: »Ich stehe hoch, und

---

[1]) *Koegel*, Geschichte der deutschen Litteratur. I, 1, 7.
[2]) *Scherer*, Geschichte der deutschen Litteratur. S. 7.
[3]) Zeitschrift für deutschen Unterricht. VII, 1 ff.

kann und mufs noch höher steigen; ich fühle in mir Hoffnung, Mut und Kraft. Noch hab ich meines Wachstums Gipfel nicht erreicht; und steh ich droben einst, so will ich fest, nicht ängstlich stehen,« oder wenn er ihm im Monolog im Gefängnis die Worte in den Mund legt: »Da eilt ich fort, sobald es möglich war, und rasch aufs Pferd mit tiefem Atemzuge. Und frisch hinaus, da wo wir hingehören! ins Feld, wo aus der Erde dampfend jede nächste Wohlthat der Natur, und durch die Himmel wehend alle Sorgen der Gestirne uns umwittern« u. s. w. Überhaupt steht wohl *Goethe* unerreicht da in der Kunst, jedem Hauche einer Stimmung den Rhythmus anzugleichen. Wie trefflich weifs er im »Zauberlehrling« durch den Wechsel ruhiger Rhythmen und rasch sich überstürzender Verse den Gegensatz zwischen der ruhigen Betrachtung des Monologs und der unruhigen Hast der Beschwörung zu malen. Geradezu musikalische Wirkung weifs er durch den Rhythmus in Verbindung mit Lautmalerei zu erzielen, wenn er im »Hochzeitliede« singt:

»Da pfeift es und geigt es und klinget und klirrt,
Da ringelt's und schleift es und rauschet und wirrt,
Da pispert's und knistert's und flistert's und schwirrt.«

In den metrischen Typen haben sich gewisse Grundstimmungen des Gemüts symbolisiert, »soweit sie in reiner Bewegung zum Ausdruck gelangen können: Energie des Vorwärtsstrebens oder Nachdruck des Beharrens je nach Graden und Schattierungen. So grenzt sich der lebendige Jambenschritt von selbst ab gegen die schwere Gehaltenheit der Trochäen, der feierliche Schwung des daktylischen Hexameters spricht für sich selbst, wie der ungestüme Anprall chorischer Anapäste.«[1]) Es wäre freilich ein Irrtum, wenn man glauben wollte, dafs lediglich in der poetischen Sprache von einem Rhythmus die Rede sein könne. Auch gute Prosa zeigt sich belebt durch rhythmische Gliederung. Ja, man kann von jeder Sprache behaupten,

---

[1]) *Borinski* a. a. O. S. 62.

dafs sie durchweg einer Grundregel für die Anordnung höherer und tieferer Töne genügen will. So ist der Grundrhythmus der deutschen Sprache der trochäische.[1]) Fällt doch in unseren Wörtern der Hauptton regelmäfsig auf die erste Silbe. Auch für den Satzbau, sowohl für die Stellung der Satzglieder als der Nebensätze gilt die Regel vom trochäischen Grundcharakter unserer Muttersprache.[2]) Eine Abweichung von diesem Gesetze macht sich uns äufserst störend bemerkbar. Wenn z. B. jemand schreibt: »Welche Verantwortung ladet man auf sich, wenn man die Einsicht der Oberen zu unverdienten Nachlässen, womit nach einer notwendigen Folge andere wieder beschwert werden, verleitet,« so giebt er dem letzten Worte einen ungebührlich hohen, ja den höchsten Ton im Satze, der Rhythmus des Satzes wird jambisch und stört unser Sprachgefühl. Nach einer feinen Bemerkung *Jean Pauls* beruht ein Hauptreiz der Prosa *Lessings* darin, dafs er seine Sätze in Trochäen ausklingen lasse.[3]) Damit in der poetischen Form ein Gegensatz gegen die prosaische Darstellung geschaffen werde, verbindet unsere Sprache mit dem trochäischen Rhythmus der Sätze gern den jambischen Rhythmus der Silben, während die romanischen Sprachen, deren Grundrhythmus der jambische ist, für die Dichtung ebenso augenfällig den trochäischen Rhythmus der Silben bevorzugen.

Wir haben schon einmal hervorgehoben, dafs der Accent, namentlich wenn er im Dienste der Gefühlserregung steht, zur unmittelbaren Äufserung syntaktischer Kategorieen wird. Aber die Sprache begnügt sich zu diesem Zwecke nicht mit dem Accente, sie schafft eben in gewissen Fällen grammatische Kategorieen, denen lediglich die Aufgabe der Gefühlsäufserung und Gefühlswirkung obliegt. Die geläufige Anschauung, als ob wenigstens die Grammatik nur dem Verstande dienstbar, gewissermafsen

---
[1]) *Wackernagel*, Poetik, Rhetorik und Stilistik. S. 363.
[2]) Ebend. S. 364 ff.
[3]) Sämtliche Werke. XVIII, S. 394.

eine verkörperte Logik wäre, ist grundfalsch. Die Grammatik ist nicht nur der Ausdruck logischer, sondern auch gemütlicher Beziehungen,[1]) wenn man auch in gewissen Formen des grammatischen Unterrichts wenig oder nichts davon verspürt. Eine Besinnung auf die psychischen Mächte, denen die wichtigsten grammatischen Kategorieen und Formen ihre Entstehung verdanken, wird dies erweisen oder doch in hohem Grade wahrscheinlich machen. Wenn die Sprache aus dem Bedürfnis der Gefühlsäufserung entsprungen und erst später zu einem Werkzeuge der Gedankenmitteilung geworden ist, so werden Ausrufe, Wünsche älter sein müssen als indikativische Mitteilungen, der Optativ wird, wenn wir die Gedanken schon ins Grammatische übersetzen, früher als der logische Indikativ bestanden haben. Die einzelnen lebten in Urzeiten in kleinen Verbänden, innerhalb deren jeder sich selbst wie auch seine Genossen individualisierte, während er nach aufsen seinen Verband von allen übrigen unterschied. Indem er dies im Geiste sonderte und es in der Sprache auseinanderhielt, entwickelten sich in seiner Seele die Keime neuer Sprachkategorieen: »Drinnen für die Angehörigen die Rufnamen, draufsen die Familiennamen und Appellative.« Die Unterschiede ergeben sich hauptsächlich für das Gemüt. Die Wesen, denen er zugehört, mit denen sich sein Ich im gemeinsamen Wir verbunden fühlt, stellt er denen entgegen, die ihm, d. h. seinem Gefühle, fern stehen. »Wenn der Geist lernt, klassifizierend Gattungen, Arten und Individuen zu unterscheiden, ein- und unterzuordnen: so mufs ich das Hauptverdienst daran dem Gemüte zuschreiben und seiner Perspektive, die das Nächste am schärfsten unterscheidet, das Entfernte mit sicherem Überblicke gruppenweise zusammenfafst.«[2]) Die Rufnamen werden unter allen jenen Kategorieen zuerst sich entwickelt haben, ihrer bedurfte der Mensch dringen-

---

[1]) v. d. Gabelentz a. a. O. S. 124 und anderwärts.
[2]) Ebend. S. 298.

der als der Appellativa. Aber sie waren keine blofsen Namen oder Bezeichnungen, sie waren Ausrufe, hervorgestofsen als Ausdruck eines Anliegens, mit dem man sich dem andern näherte, und wäre es nur des Wunsches gewesen, vom anderen gehört zu werden. Der Vokativ war demnach eher als der rein begriffliche Nominativ. Indem sich neben dem ursprünglichen Bedürfnisse der Gefühlsäufserung allmählich auch der Trieb zu blofser Gedankenmitteilung, der Trieb zu erzählen, entwickelte, traten zum Optativ, Imperativ und Vokativ der Indikativ und der Nominativ hinzu. Wie sich dabei die Rede allmählich gliedert, wie vor allem Namen und Verbum auseinandertreten, kann in unserer Darstellung nicht weiter berührt werden. Aber den wichtigsten Anteil, den das Gemüt an der Ausbildung der Sprachformen hat, haben wir dabei noch nicht aufgewiesen. Der Mensch sieht im anderen Menschen seinesgleichen, im Tiere wenigstens ein verwandtes Wesen, in allen sichtbaren Dingen überhaupt etwas Lebendiges, das sich bewegt und sich in Wirkungen äufsert. Hinter allen Äufserungen fremder Wesen ahnt er dieselben Motive, die ihn zur That bewegen, also auf niederer Entwickelungsstufe Gefühle als die eigentlichen Triebfedern zu aller Bethätigung, und schaut so die ganze Aufsenwelt unter dem *analogon personalitatis*. Die Personifikation lebloser Dinge ist dem Naturmenschen Bedürfnis des Gemüts; der reinen Intelligenz würde sie höchstens als sinnlose Spielerei erscheinen, wenn überhaupt für sie der Begriff der Spielerei bestünde. Als lebendig erscheint dem Menschen, auch dem gebildeten, die Aufsenwelt namentlich dann, wenn sie ihm Widerstand entgegensetzt, ihm Schmerz bereitet, in ihm Furcht und Schrecken erweckt. Glaubt man dann doch an sich die Wirkung eines »Willens« der Aufsenwelt wahrzunehmen. Wir sagen: ein Messer »will« nicht mehr schneiden, eine Uhr »will« nicht mehr gehen, ein Kind aber glaubt, wenn es sich an die Tischecke stöfst, vom Tische absichtlich verletzt worden zu sein, und straft ihn wohl durch Schläge für seinen bösen Willen. So macht sich der Mensch zum Mafs aller Dinge, schafft er eine Welt nach seinem Bilde. In seiner Sprache aber hat er einen getreuen Abdruck dieser Geistesentwickelung niedergelegt. »Für menschliches Thun und Emptinden waren die Benennungen da. Indem man die Dinge vermenschlichte, ergaben sich leicht die Ausdrücke für ihre Äufserungen und darnach die Namen für sie selbst. Hier fanden die Launen einer jugendlichen Phantasie ihren breitesten Spielplan. Jeder durfte thun, was heute nur den Dichtern vergönnt ist.«[1]) Indem der Mensch von Thätigkeiten in der Aufsenwelt spricht, denkt er sie sich beseelt, indem er ihren Einzeldingen Namen verleiht, individualisiert er sie und erhebt er sie zu Trägern der Thätigkeiten, zu Personen, und da sich ihm die Welt der Menschen im grofsen Gegensatze von Mann und Weib darstellt, überträgt er auch diese Eigentümlichkeit des menschlichen Seins auf seine Geschöpfe und läfst sie sich in zwei Geschlechtern gegenübertreten.[2]) So kann der einfachste Satz tiefste Poesie enthalten. Wenn ich sage: »Die Sonne scheint,« so fasse ich zunächst einen Himmelskörper durch den Namen Sonne auf als ein Individuum und zwar, wie das zugehörige Geschlechtswort sagt, als eine Frau, die über das Himmelsgewölbe dahinschreitet und den Menschen Licht spendet. Diese Poesie liegt bereits in dem vom Gemüte geschaffenen kategorialen Gepräge des Satzes, in gewissen grammatisch-formalen Eigentümlichkeiten des Ausdrucks, Und bei solchem Thatbestande will man behaupten, Grammatik wende sich wie Mathematik lediglich an den Verstand, habe mit dem Gemüte, in dem doch eine ihrer Wurzeln ruht, überhaupt nichts zu schaffen? Es mag ja sein, dafs viele bei ihrer Beschäftigung mit Grammatik nichts von einer Wirkung auf das Gefühl

---

[1]) Ebend. S. 306.
[2]) Wenn wir von drei Geschlechtern reden, so drücken wir uns falsch aus. Die Neutra sind, wie ihre Bezeichnung sagt, weder männlich noch weiblich, also geschlechtslos.

sehen, aber dann liegt das nicht an der Grammatik, sondern an den Augen der Beobachter. Gehen wir nun auf einzelnes näher ein! *V. d. Gabelentz* unterscheidet, unseres Erachtens völlig zutreffend, zwei Hauptformen der Rede, die mitteilende und die ausrufende.[1]) Der Gegenstand der mitteilenden Rede ist entweder ein Urteil oder ein Wunsch oder beides zugleich. Drückt die Rede ein vollständiges Urteil aus, so ist sie mitteilend im engeren Sinne, giebt sie einem Wunsche vollen Ausdruck, so enthält sie einen Befehl, ein Verbot, einen Rat, eine Bitte. Beide Arten der mitteilenden Rede zugleich begreift die Frage in sich; denn sie teilt nicht nur einen Gedanken mit, sondern spricht zugleich den Wunsch nach Vollendung des unvollständig Ausgesprochenen aus. In folgendem Schema giebt *v. d. Gabelentz* eine Übersicht der mitteilenden Redeformen:

Der mitzuteilende Gedanke ist		
A. ein Urteil. Dies ist		B. ein Wunsch
a) vollständig	b) unvollständig	
1. Mitteilung	2. Frage	3. Befehl u. s. w.

Hiernach ist es unzweifelhaft, dafs die mitteilende Rede ebensowohl im Dienste des Gefühls als in dem des Denkens steht. Befehle, Verbote, Bitten, Wünsche sind zunächst der Ausdruck eines Wollens oder eines Begehrens. Mag man nun über den Zusammenhang zwischen Begehren und Fühlen denken wie man will, sicher ist es, dafs jedes Begehren von bestimmten Gefühlen, wenn nicht gar von Affekten begleitet ist, deren Eigentümlichkeit sich in der Äufserung des Begehrens deutlich mit zu erkennen giebt.[2]) Am deutlichsten tritt neben dem Begehren das Gefühl hervor im Wunsche. Wenn die Jungfrau von Orleans (IV, 1) in ihr Hirtenleben sich zurücksehnt und darum ausruft:

---

[1]) Ebend. S. 308 ff.
[2]) Man vgl. darüber *Wundt*, Vorlesungen über die Menschen- und Tierseele. S. 238—251.

»Frommer Stab! O, hätt' ich nimmer
Mit dem Schwerte dich vertauscht!
Hätt' es nie in deinen Zweigen,
Heil'ge Eiche, mir gerauscht!«

wenn Maria Stuart beim Anblick der Wolken, die nach dem geliebten Frankreich ziehen, in die Worte der Sehnsucht ausbricht:

»Eilende Wolken, Segler der Lüfte!
Wer mit euch wanderte, mit euch schiffte!«

so deutet schon die Form der Rede, eben der Wunschsatz, eine hohe Erregung des Gefühls an. *Becker* zählt daher den Wunsch samt der Verwünschung und dem Fluche zu den »Figuren der logischen Form,« die »auf lebendige Weise ungewöhnliche Aufregungen des Gefühls ausdrücken.«[1]) Wie auch dem Befehle noch gemütliche Wärme innewohnt, zeigt v. d. *Gabelentz* in feinster Weise daran, dafs despotische Menschen, die mit kaltem Sinne nur ihre Macht zur Geltung bringen wollen, den Imperativ äufserlich abschwächen, indem sie ihn durch »man« oder das Passivum unpersönlich gestalten oder ihm sogar die Form des Indikativs geben. In dem Befehle liegt dann etwas Hartes, Geringschätziges, Kaltes, wenn auch die indikativischen Umschreibungen des Imperativs immerhin noch mit einer gewissen gemütlichen Wärme vereinbar sind.[2]) Das gewisseste Zeugnis dafür, dafs alle Optative und Imperative eine Bewegung des Gemütes mit offenbaren, erteilt uns die Logik, da sie jene Formen als Träger individueller Momente von ihrer Betrachtung ausschliefst.[3]) Indem wir weiter die Bedeutung der Frage für den Ausdruck der Gefühle untersuchen, unterscheiden wir zunächst mit *Sigwart* wirkliche Fragen, bei denen wir durch ein Ja oder ein Nein selbst erst Aufklärung erwarten, und scheinbare Fragen, die wir nicht stellen, um eine Ungewifsheit aufzuheben, sondern um andere zu versuchen, die also in Wirklichkeit Imperative oder Opta-

---

[1]) *Becker-Lyon*, Der deutsche Stil, S. 314.
[2]) *v d. Gabelentz* a. a. O. S. 455.
[3]) *Sigwart*, Logik. 2. Aufl. I, S. 17.

tive sind.¹) Schon die wirkliche Frage steht nicht aufser allem Zusammenhang mit dem Gefühlsleben, denn sie geht hervor aus dem Zustande der Ungewifsheit, aus dem Wunsche nach Entscheidung. Viel näher stehen die scheinbaren, darunter vor allem die rhetorischen Fragen, dem Gefühle. Ja, zu ihrer Anwendung greift man besonders im Zustande leidenschaftlicher Erregung, um der Rede eine kräftige Bewegung zu verleihen.²)
Völlig im Dienste der Gefühlsentladung und Gefühlserregung steht die ausrufende Rede. »Im Ausrufe äufsert sich eine lebhafte Erregung, entweder nur die Art dieser Erregung, oder auch ihr Grund. Der Grund kann sein ein Wunsch oder eine vollendete Thatsache. Ist er eine solche, so kann die Erregung entweder in dem bekannten Teile der Thatsache, oder darin beruhen, dafs wir einen Teil der Thatsache nicht kennen.«³) Darnach nimmt das Schema, das uns eine Übersicht über die Arten der ausrufenden Rede giebt, folgende Gestalt an:

Äufserung der Erregung, und zwar			
A. nur ihrer Art nach,	B. auch ihrem Grunde nach		
	a) Wunsch,	b) Thatsache,	
		α) Bekanntes,	β) Unbekanntes.⁴)

Der Form nach ist der Ausruf zunächst ein vollständiger Satz oder ein Satzwort, so wenn wir sagen: »Käme er doch!« oder: »Wie schön ist das!« oder wenn wir jemandem ein »Halt!« zurufen. In der Regel aber drücken wir unsere Erregung nur durch den Teil des ausrufenden Satzes aus, der als der eigentliche Träger des nach Ausdruck drängenden Gefühles erscheint, kleiden also den Ausruf in die Form der Ellipse. Wenn wir rufen: »Brav gemacht!« »Schon wieder Einer!« »Ein wunderlicher Mensch!« so verrät die Satzform unmittelbar den Anteil des Gemüts, mit dem wir den Inhalt der Rede begleiten.

---
¹) Ebend. I, S. 230/31.
²) Becker-Lyon a. a. O. S. 313.
³) v. d. Gabelentz a. a. O. S. 314.
⁴) Ebend. S. 314.

Wieviel mehr tritt das in der poetischen Sprache zu Tage, wenn es z. B. heifst: »Unsinniger, zurück!« »Hinweg, hinweg von diesem unglücksel'gen Ort!« »Aus meinem Angesicht, Nichtswürdiger!« »In die Ecke, Besen! Besen! Seid's gewesen!« V. d. *Gabelentz* bezeichnet ferner als Mittel des blofsen Ausrufs »Vokative im weiteren Verstande des Wortes,« »absolute, der Satzverknüpfung entbehrende substantivische Redeteile, die sich aber nicht an eine vorhandene oder vorgestellte zweite Person richten.« Sie sind nur Stimmungsäufserungen, bei denen man an keine zweite Person, überhaupt an keine Zuhörer denkt, und die darum von den mitteilenden Vokativen wie »Polizei!« »Hilfe!« »Feuer!« wohl zu trennen sind. Es gehören dahin namentlich die Anrufungen übersinnlicher Mächte oder furchtbarer Ereignisse, z. B. »O Gott!« »Den Teufel!« »Donnerwetter!« »Schwere Not!« und andere.[1]) Endlich sind hierher zu zählen die reinen Interjektionen und zwar in erster Linie die mehr subjektiven, die einer inneren Empfindung, einer freudigen Erregung oder einem Schmerze Ausdruck verleihen, wie ei! ach! pfui!

Zu dem Zwecke, die Wirkung der allgemeinen im Dienste des Gefühls stehenden Redeformen noch zu erhöhen, hat die Sprache noch zahlreiche Mittel geschaffen, die zunächst weniger ins Auge fallen. Hierher zählen wir namentlich eine Erscheinung, die man in Lehrbüchern der Stilistik in der Regel wenig oder überhaupt nicht berücksichtigt, den Gebrauch »gemütlicher Modalpartikeln.« Wir drücken den Wunsch nicht kurz aus: »Gieb es mir!« sondern sagen wohl: »Ach bitte, gieb mir es doch!« Wir fragen nicht kalt und kahl: »Warst du dort?« sondern fügen Hilfswörter wie »denn, auch, nur, eigentlich« zur »Auspolsterung« in die Frage ein. Ja, sogar die mitteilende Rede statten wir mit allerhand Wörtern und Wörtchen aus, die mit dem Gegenstande der Rede an sich nichts zu schaffen haben, so wenn wir sagen:

---

[1]) Ebend. S. 312.

»Sieh, das war dir nun wirklich eine mifsliche Sache; und, offen gestanden, lag eigentlich ein Teil der Schuld an mir« (Beispiel von *v. d. Gabelentz*). Der Grund für diese Ausfüllung der Rede mit allerhand Wörtern und Redensarten liegt niemals in der Sache, sondern stets im seelischen Bedürfnis des Redenden. »Dieses Bedürfnis ist gemütlich geselliger Art« im Gegensatz zum sachlich geschäftlichen. »Der Redende will sich zum Hörenden in seelischen Verkehr setzen, will — nicht nur etwas sondern sich selbst aussprechen, nicht nur eine Thatsache, ein Urteil, einen Wunsch oder Willen, sondern sein eigenes seelisches Befinden dabei dem anderen mitteilen. Die Neigung, dies zu thun, nenne ich Mitteilsamkeit, und sie kann nur da gedeihen, wo sie Anklang findet, das heifst, wo sie national ist. Sie ist sehr verschieden von der Gesprächigkeit und ihren schlimmeren Formen, der Geschwätzigkeit und Klatschsucht. Nur der Neugierige ist gesprächig und nährt die Gesprächigkeit des anderen. Nur der Empfindsame ist mitteilsam und ermutigt den anderen zu entsprechenden Ergüssen seines Innersten. Wir haben es hier mit einer echt nationalen, zuweilen provinzialen Eigenheit der Sprache zu thun, mit einer der bezeichnendsten, die ich kenne. Nicht das allein ist wichtig, in welcher Form sich die Mitteilsamkeit äufsert, sondern auch, welches ihr Lieblingsgegenstand ist, ob der Nebengedanke des Redners, seine halbverhüllte Meinung, Zweifel, Vermutung, Gewifsheit, — oder seine Nebenempfindung, und ob diese mehr der Sache oder mehr dem Angeredeten gilt.«[1]) Wie sehr der Gebrauch »gemütlicher Modalpartikeln« zur Eigenart einer Sprache beiträgt, und zwar nach der Gemütsseite hin, sieht man z. B. an den oberdeutschen Mundarten und am Lateinischen. In jenen überwuchern geradezu die kleinen Wörter und Wendungen, die das seelische Verhältnis des Redenden zum Angeredeten andeuten, daher die gemüt-

---

[1]) Ebend. S. 453/54.

liche Wärme der oberdeutschen Dialekte. Im Lateinischen dagegen beobachten wir nur einen spärlichen Gebrauch jener subjektiven Redensarten, woraus sich (im Verein mit manchem anderen) seine kühle Strenge erklärt. In der Lautmalerei, dem Accente, dem Rhythmus, in verschiedenen grammatischen Kategorieen, in den Interjektionen und den »gemütlichen Modalpartikeln« verfügt die Sprache über eine Anzahl von äufseren Mitteln, die unmittelbar Gefühle ausdrücken oder erregen wollen — die im Laufe der Sprachentwickelung durch die immer breiter sich entfaltende Differenzierung der Sprachformen zu Trägern allerdings nicht völlig bestimmter, weil im allgemeinen mehr formaler Gefühle geworden sind. Daneben hat sie aber noch Mittel aufzuweisen, die zwar an sich in keinerlei innerer Beziehung zu den Gefühlen stehen, aber doch auch von Bedeutung für den Gefühlsausdruck und die Gefühlserregung sind, da sie die mit den Vorstellungen verbundenen, im Wortinhalte eingeschlossenen Gefühle nach ihrer Intensität beeinflussen, ihre Wirkung steigern oder dämpfen. An einem Beispiele wird uns dies sofort klar werden. Gleichartige Satzglieder reihen wir nach einem allgemein grammatisch-logischen Gesetze in der Weise aneinander, dafs wir die beiden letzten Glieder der Reihe durch eine Konjunktion verbinden, die übrigen einfach nebeneinanderstellen. Wenn wir von dieser Regel abweichen, indem wir auf der einen Seite sagen: »Alles rennet, rettet, flüchtet« und auf der anderen: »Und es wallet und siedet und brauset und zischt«, so wollen wir offenbar den Inhalt der Rede in seiner Wirkung irgendwie beeinflussen, das Ganze in eine eigentümliche Beleuchtung rücken. Wie aber vermag das die blofse Abweichung von der gewohnten grammatischen Verbindung? Wenn *Schiller* die Verben rennet, rettet, flüchtet völlig unverbunden nebeneinander stellt, fordert er den Leser oder Hörer auf, von der logischen Beziehung der Begriffe völlig abzusehen und dafür seine Aufmerksamkeit ganz dem sinnlich-anschaulichen Vorstellungsinhalte der Rede zuzuwenden. Aber indem er so die Anschauungen und Vorstellungen in ihrer frischesten Sinnlichkeit in unser Bewufstsein einführt, erzielt er zugleich die mächtigste Wirkung auf unser Gefühl. Doch damit nicht genug! Wenn das rennet mit dem rettet durch ein »und« verbunden wäre, so würden wir wie auf einer Brücke von einem zum anderen hinübergeführt, würden durch das »und« auf den Eintritt einer neuen Vorstellung vorbereitet. Das Asyndeton dagegen läfst die neuen Eindrücke plötzlich und unvermittelt folgen und hält uns so durch fortgesetzte Überraschungen immer in Spannung. Das »und« knebelt ferner jede später auftretende Vorstellung an die erste, hält alles auf ein und demselben Platze fest, während bei der Vermeidung des Bindewortes jede Vorstellung einen selbständigen Platz erhält in einer rasch ablaufenden Reihe, wodurch ein Ruhiges in ein Bewegtes, ein Nebeneinander in ein Nacheinander verwandelt und der Rede der Eindruck lebhafter Bewegung gegeben wird. Das Asyndeton verleiht der Sprache demnach sinnliche Frische, überraschende Abwechselung, lebendig fortschreitende Bewegung und wirkt dadurch hauptsächlich auf unser Gefühl. Ganz anders das Polysyndeton! Es macht, wie z. B. in der Stelle aus *Schillers* Taucher: »Und es wallet und siedet und brauset und zischt,« die einzelnen Momente einander gleichzeitig, fordert uns auf, uns »an dem Ganzen der Reihe wirklich auch das an einem Ganzen recht satt zu schauen,« eignet sich so besonders zur Schilderung, zur Hervorhebung eines Gesamteindrucks und erzeugt in uns leicht den Eindruck »einer ungemeinen Macht der Bewegung.«[1]) Ein prächtig schilderndes Polysyndeton haben wir in *Schillers* Glocke:

»Und drinnen waltet
Die züchtige Hausfrau,
Die Mutter der Kinder,
Und herrschet weise
Im häuslichen Kreise,

---

¹) *Wackernagel* a. a. O. S. 413/14 u. *Borinski* a. a. O. S. 46.

Und lehret die Mädchen,
Und wehret den Knaben,
Und reget ohn' Ende
Die fleifsigen Hände
Und mehrt den Gewinn
Mit ordnendem Sinn« u. s. w.

Von ähnlicher Bedeutung wie die Verbindung der Satzteile ist die Aneinanderreihung der Sätze für den Gefühlsausdruck. Unvermittelt aneinandergefügte Sätze wirken ähnlich wie das Asyndeton. Sie lenken die Aufmerksamkeit des Hörers ganz auf den Inhalt, geben so der Rede etwas Sachliches und Wuchtiges, aber zugleich auch etwas Flackerndes und Lebhaftes. »Ein *sapienti sat* überläfst es dem Hörer, die fehlenden Zwischenglieder zu ergänzen, während der Redende springend weiter eilt. So macht die Stilform im Sinnspruche den Eindruck des plötzlichen Einfalles, mag auch der Gedanke noch so tief durchgearbeitet sein. Und der Erzählung verleiht sie den Ton leidenschaftlicher Erregung, sei auch das Erzählte noch so geringfügig. In beiden Fällen drückt sie eine subjektive Sicherheit aus, die auch beim Hörer Zweifel und Widerspruch nicht aufkommen lassen will. Jetzt dürfte es zu verstehen sein, warum Napoleon I. sich ihrer so vorzugsweise bediente, und warum sie in den Reden slavischer Völker die herrschende ist: sie entspricht der slavischen Gemüts- und Denkungsart.«[1]) Kinder und Ungebildete verbinden alle ihre kurzen Sätze durch ein »und« oder »und da«. Ja bei manchen Völkern, wie bei den Semiten, den Bantu und Malaien, beherrscht diese Redeweise die ganze Sprache. Wenn sie nun auf der einen Seite zweifellos etwas Kindliches, Naives, Ungebildetes hat, so ist ihr doch auf der anderen Seite auch etwas Inniges und Anschauliches eigen. »Jeder neue Satz erscheint wie ein neuer Entschlufs, die Konjunktion, die diesen Entschlufs ausdrückt, fast wie eine Interjektion,

---

[1]) v. d. *Gabelentz* a. a. O. S. 445.

die zum Mitempfinden einlädt. Darin erblicke ich die Innigkeit.«[1])

In vielen Fällen, mag es sich nun um Satzglieder oder ganze Sätze handeln, unterbleibt die Verbindung des Gleichartigen und Gleichwertigen zu dem Zwecke, den Gegensatz zwischen Inhalten um so schärfer hervortreten zu lassen. Die lateinische Grammatik spricht dann von einem adversativen Asyndeton, wir begreifen es mit unter dem Kontraste und der Antithese. Wenn die Stilistik lehrt, dafs der Gebrauch des Kontrastes der Sprache des Gefühls natürlich und besonders im Rednerstile und in der lyrischen Poesie von guter Wirkung sei,[2]) so läfst sich dies psychologisch sehr wohl begründen. Hat doch das Kontrastgesetz seinen Ursprung in den Eigenschaften der subjektiven psychischen Erfahrungsinhalte, in den Gefühlen, Affekten und Willensvorgängen, die sich nach den Gegensätzen der Lust und Unlust, Erregung und Hemmung, Spannung und Lösung ordnen. Da freilich Gefühle stets an Vorstellungen und Empfindungen gebunden sind, so wird das Gesetz der Kontrastwirkungen auch auf den objektiven psychischen Erfahrungsinhalt übertragen.[3]) Der Kontrast ist aber an sich ein Gefühl, kann daher auch nur im Bereiche des Gemüts entstanden sein und zunächst lediglich auf das Gefühl wirken.

Wie durch Abweichung vom Herkömmlichen eine mächtige Wirkung auf das Gefühl erzielt werden kann, zeigt sich nicht nur auf dem Gebiete der Verbindung der Satzglieder und Sätze, sondern auch in der Anordnung, in der Stellung der Redeteile. Die Wortstellung ist der organische Ausdruck der logischen Form des Satzes. Sie wird dies freilich erst durch die Betonung. Der Leser -

---

[1]) Ebend. S. 445. — Wenn die Jungfrau von Orleans von ihrem einfachen Hirtenleben erzählt, beginnt sie die Sätze gern mit »und«. Ebenso leitet die einfache »Heiterethei« in *Ludwigs* gleichnamiger Erzählung die Sätze gern mit »und« ein.
[2]) *Becker-Lyon* a. a. O. S. 305.
[3]) *Wundt*, Grundrifs. S. 397/80.

hat gleichsam die Wortstellung in die Betonung zu übersetzen.[1]) Man glaube jedoch nicht, dafs die Rangordnung der Satzglieder, die in der Wortstellung zum Ausdrucke kommt, immer genau auf den Beziehungen der logischen Über- und Unterordnung beruhe. Nicht das logische, sondern das psychologische Subjekt stellt man überall voran, wobei der Anteil des Gefühls wesentlich mit entscheidet. Die Wortstellung beruht demnach nicht etwa auf den Regeln der Verstandeslogik, sondern auf den Eigentümlichkeiten nationaler Denkungsart. Daher sind die gebundenen Marschrouten, die bei verschiedenen Völkern der Gedanke wandern mufs, sehr mannigfaltig. Wir nennen in der regelmäfsigen Wortfolge zuerst den Träger der Thätigkeit oder des Zustandes. Die Chinesen mit ihrer eigentümlichen chronistischen Erzählungsweise geben zunächst die Zeit und den Ort und dann erst das Subjekt der Begebenheit an, gebrauchen gewissermafsen drei Überschriften, »die ein sich stufenweise verengendes psychologisches Subjekt darstellen: Was geschah damals? Was geschah damals dort? Was geschah dort mit Dem und Dem?«[2]) Der Malaie endlich stellt an den Anfang des Satzes das Verbum; er »eilt mit lebhafter Sinnlichkeit den ganzen Eindruck, der seine Seele bewegt, gleichwie in einem flüchtigen Bilde, im Verbum darzustellen, und dann füllt er, von Prädikat zu Prädikat weiterschreitend, die Zeichnung mit Farben und neuen Zügen aus.«[3]) Ihm ist das Verbum das psychologische Subjekt; die Ursache der Erscheinung, unser grammatisches Subjekt, ist ihm das psychologische Prädikat. »Gleich mit dem Verbum, mag er es zu Anfang des Satzes oder etwas später setzen, hat er etwas relativ Fertiges geschaffen; nun ist es seine Sache, wie lange er daran ergänzend und verschönernd weiter arbeiten will. Die erste Ungeduld, etwas Fertiges zu sehen, war schnell befriedigt,

---

[1]) *Becker-Lyon* a. a. O. S. 32 ff., 242 ff.
[2]) *V. d. Gabelentz* a. a. O. S. 355.
[3]) Ebend. S. 397.

und nun ist das Nachbessern vielmehr ein Vergnügen, als eine That mühevollen Fleifses.« — »Diese Denkweise nimmt die Dinge in den Dienst einer vorgestellten Thatsache: dies ist die That, dies ihr Objekt, dies ihr Urheber, — und weiter: dies ist die Gelegenheit, und dies sind die Mittel.«[1] »Die Stellung des Verbums vor dem Subjekte ist der Ausdruck lebhafter Sinnlichkeit. Ich empfange den Eindruck eines Geschehens, nenne ihn, — das ist das Verbum. Denn erst frage und sage ich, wodurch dieser Eindruck verursacht worden, — das ist das Subjekt. Der empfangene Eindruck ist in mir ein erworbener Bestandteil meines Ich, das sich solchergestalt gleich mit in den Vordergrund drängt. Insofern nenne ich die Denk- und Ausdrucksweise eine egoistische. »Herabfällt ein Stein« läfst sich umschreiben durch den Satz: Ich sehe oder höre etwas herabfallen, und das Herabgefallene ist ein Stein. Diese Sinnlichkeit ist empfänglich und empfindsam und macht die empfangenen Empfindungen zum Gegenstande der Rede, m. a. W. zum psychologischen Subjekte des Satzes. Mit jener Empfindsamkeit und Empfänglichkeit und dem egoistischen Zuge, den wir entdeckten, ist aber auch eine mächtige Begehrlichkeit gegeben, die sich Fremdes ebenso gern wie leicht aneignet.«[2] Aus der Mannigfaltigkeit der Wortstellungsgesetze sieht man, dafs die gewöhnliche Wortfolge eine wesentlich vom Gemüte bestimmte Perspektive darstellt, unter der ein Volk die Aufsenwelt wahrnimmt. Den durch den Geist der Sprache bestimmten Gesichtspunkt aufzugeben, indem man eine ungewöhnliche Wortstellung anwendet, setzt eine grofse Energie innerer Bewegung, ein besonderes mächtiges seelisches Bedürfnis voraus. Was unser Gemüt erfüllt, was die Gefühle des Hörers erregen soll, setzen wir aller Grammatik zum Trotze an die Spitze des Satzes: »Wasserholen geht die reine, schöne Frau des

---

[1] Ebend. S. 307/08.
[2] Ebend. S. 392.

hohen Brahmen;« »Auferstehn, ja auferstehn wirst du, mein Leib, nach kurzer Ruh;« »Himmelan geht unsere Bahn.« In überaus trefflicher Weise erläutert *v. d. Gabelentz* den Einfluſs der veränderten Wortstellung auf das Gefühl an einem Beispiel aus dem Lateinischen. Der Satz aus Ciceros erster Rede gegen Catilina: »Wir haben gegen dich, Catilina, einen gewaltigen und strengen Senatsbeschluſs« würde von einem Schüler, so meint er, etwa in folgender Weise regelrecht lateinisch wiedergegeben werden: *Vehemens et grave in te, Catilina, senatus consultum habemus.* »Das fängt gleich polternd an. Cicero aber macht es anders, so etwa mit der kalten Grausamkeit eines Henkers vergangener Jahrhunderte, der der Folter die Territion vorausgehen liefs: »Da habe ich etwas — *habemus* —. Siehe her, es ist eine Zange — *senatus consultum* —. Damit werde ich dich zwicken — *in te, Catilina* —. Es wird dir aber sehr weh thun — *vehemens et grave.*« Wie anders wirkt das auf die Nerven!«[1]) Im Deutschen zeigt sich die gefühlserregende Kraft der von der Regel abweichenden Wortstellung namentlich dann, wenn sie in einem Hauptsatze auftritt, der einem Konzessiv- oder einem Konditionalsatze folgt: »Und stammen sie (die drei Worte) gleich nicht von aufsen her, euer Inneres giebt davon Kunde (statt: so giebt doch euer Inneres); »Und könnt' er selbst es auch ertragen, so zu sinken, ich trüg's nicht (statt: so trüge ich es doch nicht), so gesunken ihn zu sehen;« »Wärest du wahr gewesen und gerade, alles stünde anders;« »Wenn er mich angreift, ich werde mich schon verteidigen.«[2]) Ein besonderes Gesetz der Wortstellung verlangt, daſs Begriffe von ungleichem logischen Werte oder von verschiedenem Gefühlswerte in der Weise in Verbindung stehen, daſs sie eine aufsteigende Reihe bilden. Wir sprechen dann von der Figur der Steigerung, der Gradatio oder Klimax.

---

[1]) Ebend. S. 355.
[2]) Vgl. *Becker-Lyon* a. a. O. S. 319.

Wackernagel behandelt sie in dem Kapitel vom »Stile der Einbildung«, *Becker* sagt von ihr, dafs sie besonders im Rednerstile von grofser Wirkung sei.[1]) Beide schreiben ihr demnach in erster Linie eine Bedeutung für die Gefühlserregung zu. In der That erweckt sie in uns durch Hervorhebung der Vorstellungen gegeneinander eine dem Kontrastgefühle ähnliche Erregung. Wenn Cäsar nach Rom berichtete: »Ich kam, ich sah, ich siegte«, wenn *Herder* sagt:

»Tapfer ist der Löwensieger,
Tapfer ist der Weltbezwinger,
Tapfrer, wer sich selbst bezwang«,

so dient zweifellos die Steigerung nicht allein der logischen Ordnung, sondern verfolgt viel deutlicher noch die Absicht, eine Bewegung des Gemüts hervorzurufen.

Was auf unser Gefühl wirken soll, wird nach dem Bisherigen hervorgehoben durch Abweichung von der gewohnten grammatischen Verbindung oder durch eine Änderung der regelmäfsigen Wortstellung. Genügen diese Mittel nicht, dann greift die Sprache zur Wiederholung, zur nachdrucksvollen mehrmaligen Benennung einer Vorstellung mit demselben Worte. Wie geeignet die Wiederholung ist, innerer Bewegung kräftigen Ausdruck zu geben, sehen wir schon daraus, dafs wir im gewöhnlichen Leben kurze Ausrufe und Befehle gern zweimal aussprechen, z. B.: »Komm, komm!« »Auf, auf!« »Hört, hört!« »Sieh, sieh!« »Platz, Platz!« u. s. w. In der indikativischen Redeweise dient allerdings die Wiederholung zunächst der Verdeutlichung und Verstärkung einer Anschauung oder Vorstellung, so wenn wir sagen: »Ein weiter, weiter Weg;« »Eine lange, lange Zeit«; »Ein hoher, hoher Turm!« Aber indem der sinnliche Gehalt der Rede immer heller und heller hervortritt im Lichte des Bewufstseins, verstärkt sich auch der Gefühlston, mit dem die sinnliche Anschauung verbunden ist. Oder ist es für unsere Stimmung ganz gleichgiltig, wenn *Schiller*

---

[1]) Ebend. S. 309.

die gleichmäfsige, unablässige Fortsetzung der Handlung mit den Worten schildert:

>»Hinab, hinab in der Erde Ritzen
Rinnet, rinnet, rinnet dein Blut«,

oder wenn er in dem Gedichte »Das Ideal und das Leben« in einer geradezu malenden Wiederholung ein stetiges Geschehen ausdrucksvoll schildert:

>»Und des Erdenlebens
Schweres Traumbild sinkt und sinkt und sinkt.«

Offenbar ist hier die Wirkung auf die Stimmung gerade die Hauptsache und die Verstärkung des sinnlichen Eindrucks durch die Wiederholung nur das Mittel zum Zweck. *Becker* bemerkt daher im allgemeinen über die Figur der Wiederholung völlig zutreffend: »Die Wiederholung ist besonders der Sprache des Gefühls sehr natürlich: wir machen von ihr auch in der gewöhnlichen Rede Gebrauch, wenn wir in der Erregung des Gemüts einen Begriff hervorheben, und es verdient hier bemerkt zu werden, dafs das wiederholte Wort immer den Redeton hat, z. B. lieber, lieber Freund, ich habe lange, lange gewartet.«[1]) Am ergreifendsten wirkt natürlich die Wiederholung dann, wenn sie ein Wort mehrmals setzt, das unmittelbar ein Gefühl oder eine Gefühlsäufserung bezeichnet, wie etwa in *Goethes* Faust im Gebete Gretchens vor dem Andachtsbilde der *Mater dolorosa:*

>»Wohin ich immer gehe,
Wie weh, wie weh, wie wehe,
Wird mir im Busen hier!
Ich bin ach kaum alleine,
Ich wein', ich wein', ich weine,
Das Herz zerbricht in mir!«

In eigentümlicher Weise versteht es *Lessing,* die Wiederholung zu verwerten, indem er in seinen Dramen den Dialog häufig so gestaltet, dafs die eine redende Person einzelne Worte des Mitunterredners im Frageton wieder aufnimmt.[2]) Wir setzen einige besonders lehr-

---

[1]) Ebend. S. 309.
[2]) *Bellermann,* Schillers Dramen. I, 214/15.

reiche Beispiele her. Emilia Galotti I, 4: »Prinz. Also, Conti, rechnen Sie doch wirklich Emilia Galotti mit zu den vorzüglichsten Schönheiten unserer Stadt? Conti. Also? mit? mit zu den vorzüglichsten? und den vorzüglichsten unserer Stadt?« — Emilia Galotti IV, 7: »Orsina. Der Bräutigam ist tot; und die Braut, Ihre Tochter, schlimmer als tot. Odoardo. Schlimmer? schlimmer als tot? aber doch zugleich auch tot?« — Nathan II, 5: »Tempelherr. Ihr wifst, wie Tempelherren denken sollten. Nathan. Nur Tempelherren? sollten blofs? und blofs, weil es die Ordensregeln so gebieten?« — Das Erstaunen, in die sich nach diesen Beispielen Conti, Odoardo und Nathan durch die Rede ihres Partners versetzt sehen, kann kaum lebendiger zum Ausdruck kommen als durch diese Art der Wiederholung. Um die Bedeutung der Wiederholung für den Gefühlsausdruck hervorzuheben, erinnern wir nur noch daran, dafs sie in der Technik der altertümlichen volksmäfsigen Epik, namentlich in den alten Liedern der Serben und in den Gesängen Homers eins der wesentlichsten Stücke bildet, da hier dieselbe Situation immer mit denselben Worten geschildert, dieselbe Person immer mit dem gleichen Beiworte gekennzeichnet wird.[1]) Auf ihre zahlreichen Unterarten einzugehen, verbieten uns die Grenzen unserer Darstellung.

Wir glauben damit die wichtigsten formalen Sprachmittel, die im Dienste der Gefühlsäufserung stehen, nach ihrer Bedeutung auf diesem Gebiete gewürdigt zu haben. Untersuchen wir nun, in welcher Weise die Sprache lediglich durch den Wortinhalt den Zweck der Gefühlsentladung und Gefühlsbefriedigung erreicht. Erinnern wollen wir gleich im Eingange wieder an die Thatsache, dafs Gefühle stets an Empfindungen und Vorstellungen gebunden sind. Daraus ergiebt sich die Möglichkeit, dafs die Wörter nicht nur einen vorstellbaren, sondern auch einen Gefühls-

---

[1]) *Wackernagel* a. a. O. S. 63 u. 418. Dafs dabei auch völlig äufserliche Motive mit bestimmend sind, soll ausdrücklich bemerkt werden.

Inhalt in sich fassen. Die Gefühle sind zum Teil sinnlicher Natur, sind also unmittelbar durch die Qualität des Empfundenen bedingt, weitaus in der Mehrzahl aber erhalten sie ihren eigentümlichen Charakter durch Associationen von Vorstellungen und überhaupt von psychischen Prozessen. Geben wir ein Beispiel! Es ist bekannt, dafs die reinen, in einem Dunkelraum beobachteten Spektralfarben von starken spezifischen Gefühlstönen begleitet sind, es ist ebenso bekannt, dafs sich unsere Geschmacksempfindungen nach den mit ihnen verbundenen Gefühlen sehr deutlich in angenehme und unangenehme scheiden. Hier haben wir es mit den einfachen sinnlichen Gefühlen zu thun. Vermutlich kommen sie uns nie ganz rein zum Bewufstsein; denn sobald wir eine Farbe nach ihrem Gefühlston auf uns wirken lassen wollen, drängen sich fast unvermeidlich Vorstellungen mit in das Bewufstsein. »So erweckt z. B. die Empfindung Grün fast unvermeidlich die Vorstellung der grünen Vegetation, und da an diese Vorstellung zusammengesetzte Gefühle geknüpft sind, deren Beschaffenheit möglicherweise ganz unabhängig ist von dem Gefühlston der grünen Farbe, so läfst sich nicht ohne weiteres bestimmen, ob das bei der Einwirkung eines grünen Eindrucks beobachtete Gefühl ein reiner Gefühlston oder ein durch begleitende Vorstellungen erwecktes Gefühl oder aber eine Mischung aus beiden sei.«[2]) Mit dem Worte grün kann sich daher ein einfaches Gefühl oder auch eine Gefühlsresultante verbinden. In verschiedenen Individuen wird diese freilich, solange eben nur das Wort »grün« genannt wird, abweichende Färbungen annehmen, wenn sie auch dem Grundcharakter nach unverändert bleibt. Einen derartigen, auf Associationen beruhenden Gefühlsinhalt haben nun die meisten Wörter unserer Sprache aufzuweisen, wenn er auch im Gegensatze zu ihrem vorstellbaren Inhalte in

---

¹) *Wundt*, Grundrifs. S. 90.

der Regel nicht völlig scharf zu umgrenzen ist und daher durch das Wort als solches nicht vollständig ausgedrückt werden kann. Geben wir einige Beispiele! »Weihnachten — ein herrliches Wort!« beginnt *Raabe* in seiner »Chronik der Sperlingsgasse« einen Abschnitt. Warum nennt er es ein herrliches Wort? Weil es in uns die herrlichsten Erinnerungen an unsere Kindheit wachruft, in uns die ganze Poesie des Christbaums lebendig werden läfst, uns an die Liebe unserer Eltern, an die Freude unserer Kinder erinnert, also zu zahlreichen Associationen Anlafs giebt, die unser Gemüt mächtig und zwar freudig bewegen. In *Wilhelm Meisters* Lehrjahren (V, 16) giebt Aurelie ihrer Abneigung gegen das Französische Ausdruck, indem sie es als »eine perfide Sprache« bezeichnet. »Ich finde,« so bemerkt sie, »Gott sei Dank! kein deutsches Wort, um perfid in seinem ganzen Umfange auszudrücken. Unser armseliges treulos ist ein unschuldiges Kind dagegen. Perfid ist treulos mit Genufs, mit Übermut und Schadenfreude.« Es ist klar, dafs das Wort perfid ein sogar ziemlich scharf bestimmtes Gefühl der Verachtung mit in seinen Inhalt fafst, das eben durch ein anderes Wort in seiner Eigenart nicht wiederzugeben ist. Wenn *Goethe* ferner in »Dichtung und Wahrheit« einmal bemerkt: »Das Wort Freiheit klingt so schön, dafs man es nicht entbehren könnte, und wenn es einen Irrtum bezeichnete,« so bestätigt er damit, dafs im Inhalte jenes Wortes das Gefühlsmäfsige vor dem Begrifflichen und Vorstellbaren weit heraustritt. Natürlich läfst sich an Wörtern, die sich auf rein Sinnliches beziehen, die Wirkung auf das Gefühl in der Regel viel deutlicher beobachten als an abstrakten Ausdrücken wie eben perfid und Freiheit. Man denke an die Wörter Kröte, Kreuzotter, Nachtigall, Distel, Nelke, Rose, Sumpf, Brunnen, Feuersbrunst, Trommelwirbel, Kanonendonner, Gewitterwolke, Glockengeläut und andere. Die Philosophen empfinden es zuweilen sehr störend, dafs sich an fast alle Wörter immer ein gewisser Gefühlsinhalt hängt und den Verstand leicht bei den schärfsten Deduktionen irre führt. Ein moderner Denker *(Avenarius)* hat daher in seinem Hauptwerke geradezu eine Art mathematischer Zeichen für die wichtigsten Begriffe eingeführt, um sich vor dem fälschenden Einflusse des Gefühls zu sichern. Ist aber unter solchen Umständen die Sprache nicht völlig unfähig, die Wahrheit auszudrücken? Es fragt sich, was man unter Wahrheit versteht. Wir nehmen sie nicht im Sinne unserer Philosophen, sondern im Sinne unserer grofsen Dichter und setzen mit ihnen das wahre Sein der Dinge in »ihre reale Bedeutung für ein empfindendes Gemüt, für ein menschliches Gemüt.«[1]) Vielfach ist uns nun die Beziehung der Aufsendinge zu uns, ihre Wirkung auf unser Innenleben viel wichtiger als ihre objektive Beschaffenheit, wie sie sich darstellt in ihren Eigenschaften. Die Sprache legt davon Zeugnis ab. Die Chinesen nennen den grämlichen, kopfschüttelnden Bären den »Bergalten«, die neckische, geschwätzige Schwalbe »das Himmelsmädchen«,[2]) geben also in den beiden Namen vorwiegend ihrem Interesse für die beiden Tiere, ihrem seelischen Verhältnisse zu ihnen Ausdruck. Auf der Thatsache, dafs den meisten unserer Wörter ein Gefühlsinhalt eigen ist oder doch sein kann, beruht *Kants* Unterscheidung des Begriffs und der ästhetischen Idee.[3]) Viele Gedichte, meint *Kant,* seien bei aller Eleganz, viele Reden bei aller Gründlichkeit und Zierlichkeit, viele Frauenzimmer bei aller Schönheit und allem gesprächigen und artigen Wesen doch ohne »Geist«. »Was ist das denn, was man hier unter Geist versteht? Geist in ästhetischer Bedeutung heifst das belebende Prinzip im Gemüte. Dasjenige aber, wodurch dieses Prinzip die Seele belebt, der Stoff, den es dazu anwendet, ist das, was die Gemütskräfte zweckmäfsig in Schwung

---

[1]) *K. H. v. Stein,* Goethe und Schiller, S. 77.
[2]) *V. d. Gabelentz* a. a. O. S. 42.
[3]) *Kant,* Kritik der Urteilskraft. I. Teil. § 49.

versetzt, d. i. ein solches Spiel, welches sich von selbst erhält und selbst die Kräfte dazu stärkt. Nun behaupte ich, dieses Prinzip sei nichts anderes als das Vermögen der Darstellung ästhetischer Ideen; unter einer ästhetischen Idee aber verstehe ich diejenige Vorstellung der Einbildungskraft, die viel zu denken veranlafst, ohne dafs ihr doch irgend ein bestimmter Gedanke d. i. Begriff adäquat sein kann, die folglich keine Sprache völlig erreicht und verständlich machen kann.« Die ästhetische Idee ist das Gegenstück zur Vernunftidee; denn diese ist ein Begriff, dem keine Anschauung entspricht. Woher stammt aber das Mehr, durch das die ästhetische Idee über den logischen Begriff hinausragt? Aus der Einbildungskraft, der Phantasie und dem Gefühle. »Die ästhetische Idee ist eine einem gegebenen Begriffe beigesellte Vorstellung der Einbildungskraft, welche mit einer solchen Mannigfaltigkeit der Teilvorstellungen in dem freien Gebrauche derselben verbunden ist, dafs für sie kein Ausdruck, der einen bestimmten Begriff bezeichnet, gefunden werden kann, der also viel Unnennbares zu einem Begriffe hinzudenken läfst, davon das Gefühl die Erkenntnisvermögen belebt und mit der Sprache als blofsem Buchstaben, Geist verbindet.« Weit anschaulicher und ästhetisch reizvoller weifs *Goethe* die Doppelnatur der Sprache zu schildern, wenn er in seinem »Westöstlichen Divan« singt:

»Das Wort ist ein Fächer! Zwischen den Stäben
Blicken ein paar schöne Augen hervor.
Der Fächer ist nur ein lieblicher Flor,
Er verdeckt mir zwar das Gesicht,
Aber das Mädchen verbirgt er nicht,
Weil das Schönste, was sie besitzt,
Das Auge, mir ins Auge blitzt.«

Zuweilen freilich klagt *Goethe* auch, dafs uns der Fächer vom Schönsten mehr verdeckt, als uns lieb ist, ja es uns überhaupt nicht erkennen läfst. Gerade für den Ausdruck der gewaltigsten, höchsten Gefühle will oft das Wort nicht zureichen. Wer denkt dabei nicht an Fausts religiöses Bekenntnis? Religion ist ihm Gefühl für das Unendliche, das All.

»Erfüll' davon dein Herz, so grofs es ist,
Und wenn du ganz in dem Gefühle selig bist,
Nenn' es dann, wie du willst,
Nenn's Glück! Herz! Liebe! Gott!
Ich habe keinen Namen
Dafür! Gefühl ist alles.
Name ist Schall und Rauch,
Umnebelnd Himmelsglut.«

Auch wenn *Goethe* 1787 aus Neapel schreibt: »Wenn ich Worte schreiben will, so stehn mir immer Bilder vor Augen, des fruchtbaren Landes, des freien Meeres, der duftigen Inseln, des rauchenden Berges, und mir fehlen die Organe, das alles darzustellen«, so ist es nicht in erster Linie das rein Objektive der Erscheinung, sondern die Wirkung auf Gefühl und Stimmung, was sich durch den Ausdruck nicht bewältigen läfst. Da nun, wie wir daraus sehen, häufig ein Wort nicht genügt, um eine Stimmung auch nur annähernd richtig wiederzugeben, so sehen wir uns vielfach genötigt, durch Umschreibungen diesem Ziele näher zu kommen. Wir führen dann in längerer Rede eine gröfsere Zahl von Anschauungen oder Vorstellungen und mit ihnen verschiedene Einzelgefühle ins Bewufstsein und erzeugen, indem wir diese Faktoren zusammenwirken lassen, eine Gefühlsresultante, die sich etwa mit der Stimmung deckt, der wir Ausdruck geben wollen. Je sinnlicher die einzelnen Vorstellungen sind, zu denen wir dabei greifen, desto leichter kommen wir in der Regel zum Ziele. Denn »was nur durch die Sinne gefafst werden kann, dessen Erzählung erregt im Gemüt eine lebhafte und beinah ängstliche Sehnsucht und je genauer wir von solchen Gegenständen sprechen hören, desto gewaltsamer strebt der Geist nach ihnen« *(Goethe* in einem Briefe an *Meyer* vom 30. Oktober 1796).

Demnach wirkt die Sprache, mag es sich nun um einzelne Wörter oder zusammenhängende Rede handeln, zunächst durch Hervorhebung der sinnlichen Elemente des Wortinhalts, also durch Anschaulichkeit, auf das Gefühl. Es ist ein Irrtum, wenn man glaubt, dafs die Anschaulichkeit der Sprache, wie man sie wohl in Schilderungen und Erzählungen findet, sich vor allem oder gar allein an unser Vorstellen wende. Der Irrtum liegt freilich nahe, das Wort Anschaulichkeit verschuldet ihn. In Wirklichkeit ist das Sinnlich-Vorstellbare unserer Rede vielfach nur Mittel zum Zwecke der Gefühlsbefriedigung. Hören wir *Goethe* über diesen Punkt. Gegen *Eckermann* führt er am 3. November 1823 folgende Klage: »Da malen sie z. B. meinen ‚Fischer' und bedenken nicht, dafs sich das gar nicht malen lasse. Es ist ja in dieser Ballade blofs das Gefühl des Wassers ausgedrückt, das Anmutige, was uns im Sommer lockt, uns zu baden; weiter liegt nichts darin, und wie läfst sich das malen!« [1]) Demnach ist der Zweck des ganzen Gedichtes nach *Goethes* eigenen Worten Gefühlsbefriedigung und Gefühlserregung. Dasselbe gilt von *Goethes* »Erlkönig«. Die beiden Gedichte »sind Naturlaute, sie behandeln den in Gefühlen sich ankündigenden Zusammenhang des Menschen mit der äufseren Natur. — Jenem Zusammenhang entstammen die Bedingungen seines Glücks wie seines Unterganges: deshalb vergegenwärtigt sich das Gefühl diesen Zusammenhang in geisterartigen, erdichteten Gebilden.« [2]) Anschauungen und Vorstellungen lassen selbstverständlich beide Gedichte in uns lebendig werden. Aber sie werden in unser Bewufstsein nur eingeführt als die Bedingungen, »unter welchen eine bestimmte Rührung des Gemüts erfolgen mufs« (*Schiller*, Über *Matthissons* Gedichte).

Am schlagendsten läfst sich unsere Behauptung, dafs Anschaulichkeit häufig nur ein Mittel zur Einwirkung auf das Gemüt sei, an dem berühmten »Einschläferungsliede« aus dem 1. Teile des »Faust« erweisen. Die Geister heben an zu singen:

---

[1]) Gespräche mit *Goethe*. I, 65 (Reclamsche Ausgabe).
[2]) *K. H. v. Stein* a. a. O. S. 71.

»Schwindet, ihr dunkeln
Wölbungen droben!
Reizender schaue
Freundlich der blaue
Äther herein!
Wären die dunkeln
Wolken zerronnen!
Sternelein funkeln,
Mildere Sonnen
Scheinen darein.
Himmlischer Söhne
Geistige Schöne,

Schwankende Beugung
Schwebet vorüber.
Sehnende Neigung
Folget hinüber;
Und der Gewänder
Flatternde Bänder
Decken die Länder,
Decken die Laube,
Wo sich für's Leben,
Tief in Gedanken,
Liebende geben«
u. s. w.

Zweifellos weckt dieses Lied in uns zahlreiche Anschauungen, aber nur undeutliche, dämmernde, phantastische Nebelbilder, die sich nicht zu einem sinnlichen Gesamteindrucke vereinigen lassen. Soweit hier also von Anschaulichkeit die Rede sein kann, ist sie nur Mittel zum Zwecke, über den uns Mephistopheles mit den Worten unterrichtet:

»Was dir die zarten Geister singen,
Die schönen Bilder, die sie bringen,
Sind nicht ein leeres Zauberspiel.
Auch dein Geruch wird sich ergetzen,
Dann wirst du deinen Gaumen letzen,
Und dann entzückt sich dein Gefühl.«

Es kommt dem Dichter in jenem Gesange darauf an, in Faust die Lust der Sinnenwelt zu beleben, in ihm eine Stimmung zu erwecken, aus der heraus der Entschlufs geboren wird:

»Lafs in den Tiefen der Sinnlichkeit
Uns glühende Leidenschaften stillen!«

Selbst die poetische Landschaftsmalerei wendet sich, wie sich an zahlreichen Beispielen nachweisen läfst, oft weniger an das Auge als an das Gemüt. Seit *Lessings* »Laokoon« waltet ja darüber, dafs mit Worten für die Anschauung überhaupt kein vollständiges Bild eines Dinges im Raume gegeben werden kann, kein Streit mehr. Wir können mit Worten nichts anderes malen als fortschreitende Handlungen, alle Körper, alle einzelnen Dinge aber nur nach »ihrem Anteil an diesen

Handlungen, gemeiniglich nur mit Einem Zuge.« *Homer* nennt das Schiff »bald das schwarze Schiff, bald das hohle Schiff, bald das schnelle Schiff, höchstens das wohlberuderte schwarze Schiff. Weiter läfst er sich in die Malerei des Schiffes nicht ein.« Gewifs kann man alle Teile eines Körpers nach einander aufzählen. »Allein dieses ist eine Eigenschaft der Rede und ihrer Zeichen überhaupt, nicht aber insofern sie der Absicht der Poesie am bequemsten sind. Der Poet will nicht blofs verständlich werden, seine Vorstellungen sollen nicht blofs klar und deutlich sein; hiermit begnügt sich der Prosaist. Sondern er will die Ideen, die er in uns erweckt, so lebhaft machen, dafs wir in der Geschwindigkeit die wahren sinnlichen Eindrücke ihrer Gegenstände zu empfinden glauben, und in diesem Augenblicke der Täuschung uns der Mittel, die er dazu anwendet, seiner Worte, bewufst zu sein aufhören.« Indem eben für das Ohr eine Menge Teile aufgezählt werden, bleiben sie ihm nicht gegenwärtig, wenn sie nicht mit dem Gedächtnisse festgehalten werden; die zur Bildung einer wirklichen Anschauung eines Dinges unbedingt nötige Verbindung der Teile zu einem Ganzen ist also nicht möglich. Das Koexistierende des Körpers gerät mit dem Konsekutiven der Rede in Widerstreit. Die Vorstellung eines Körpers als eines Ganzen läfst sich demnach durch das Ohr nicht vermitteln, nur nach seinen Teilen vermögen wir ein Ding im Raume mit Worten zu beschreiben. Aber malen nicht Dichter zuweilen Landschaften mit einer Anschaulichkeit, als ob diese greifbar vor uns lägen? Niemand wird das bestreiten. Doch was thut der Dichter in solchem Falle? Auf keinen Fall hält er uns ein Gemälde der Landschaft vor. Er erzeugt in uns nur die Stimmung, mit der für uns das Bild einer Landschaft verbunden ist. Diese Stimmung ist von gewissen Bedingungen abhängig, die in der Gewalt des Dichters liegen. Indem er sie in unserer Seele wirksam werden läfst, erzeugt er jenes Gefühl wieder, läfst er uns fühlen, als ob wir die Landschaft sähen, aus welchem Gefühle heraus wir das Bild der Landschaft schaffen.[1]) Unter jenen Bedingungen ist zunächst die zu nennen, dafs er uns Naturgestalten vorführt. Da er sie uns aber als Ganze weder malen kann noch darf, so mufs er sich damit begnügen, sie uns von einer Seite zu zeigen. Welche Seite an ihnen wird er hervorkehren? Immer die, so lautet die allgemeine Antwort, die unserem Gefühle als die wichtigste erscheint, die uns mit Sehnsucht nach dem Gegenstande erfüllt, unsern Geist hinreifst zu ihm und unsere Phantasie in Thätigkeit versetzt. Denn unterläfst er dies, so giebt er uns zwar objektive Wahrheit, ohne die ja Poesie auch nicht möglich ist, aber er stellt nicht die notwendige Beziehung des Gegenstandes zu unserem Empfindungsvermögen her, worin ja gerade, wie *Schiller* in seinen Ausführungen über Landschaftsmalerei des Dichters darlegt, das eigentlich Poetische liegt. Was folgt aus alledem für den Zweck unserer Untersuchung? Dafs die Sprache selbst da, wo sie lediglich Organ für den Ausdruck von Anschauungen zu sein scheint, hauptsächlich im Dienste des Gefühls steht. Von den Proben, die *Schiller* in seiner Abhandlung über *Matthissons* Gedichte als besonders treffende Beispiele einer meisterhaften Landschaftspoesie heraushebt, soll nur eine hier zur Beleuchtung jenes Ergebnisses Platz finden. *Matthisson* singt in seinem Mondscheingemälde:

>»Die Kirchenfenster schimmern;
>In Silber wallt das Korn,
>Bewegte Sternchen flimmern
>Auf Teich und Wiesenborn;
>Im Lichte webn die Ranken
>Der öden Felsenkluft;
>Den Berg, wo Tannen wanken,
>Umschleiert weifser Duft.«

Nur die Punkte der Landschaft, an die sich ein lebhaftes Empfinden der Seele knüpft, hebt der Dichter her-

---

[1]) *Bruchmann* a. a. O. S. 221/22.

vor. Er beschreibt uns keineswegs die ganze Kirche, sagt nichts von ihrer Gröfse, von ihrem Turme, ihrem Dache, ihrem Mauerwerke, erwähnt mit keiner Silbe ihre nächste Umgebung, sondern er weist uns lediglich auf die im Mondenlichte glänzenden Fenster hin, da sie den Blick gefangen halten und in unserer Brust zahlreiche ernste, erhebende Gefühle anklingen lassen. Ebenso unbestimmt sind die übrigen Angaben gehalten. Das Fehlende zu ergänzen, bleibt der Einbildungskraft des Hörers überlassen. Der Dichter thut nicht mehr, als durch einen starken Eindruck auf unser Gefühl die Phantasie zur Thätigkeit aufzufordern. In mehreren Hörern werden so auf Grund derselben poetischen Schilderung verschiedene Bilder entstehen. Doch das ist nicht etwa die Folge eines Mangels der Dichtung. Die Hörer sollen nach der Absicht des Dichters nicht Landschaftsbilder von gleichem Aussehen, von gleichem Anschauungscharakter, sondern Landschaftsbilder von gleicher Gefühlswirkung, von gleichem Stimmungscharakter in ihrer Seele erzeugen. Aber ist es nicht *Schiller* gelungen, uns im Tell die Schweizer Welt schöpferisch zu vergegenwärtigen und uns von der Landschaft am Vierwaldstätter See ein bestimmtes, scharf umrissenes Bild zu geben? Wir sind mit *Bellermann* der Meinung, dafs dieses landläufige Urteil eine starke Übertreibung enthält und auf einer vollständigen Verkennung der Grenzen der Dichtkunst beruht. »In der wirklichen Veranschaulichung eines bestimmten landschaftlichen Bildes ist ohne Zweifel der schlechteste Dekorationsmaler dem genialsten Dichter unendlich überlegen. Aber dies hat mit dem Zwecke des Dichters eben gar nichts zu thun, und *Schiller* hält sich genau innerhalb der Grenzen seiner Kunst, nirgends giebt er etwa eine Beschreibung der gewaltigen Natur, sondern überall werden nur solche Punkte herausgegriffen, die geeignet sind, durch einen gewissen Empfindungsinhalt unsere Phantasie in Bewegung zu setzen.«[1] Mit Recht hebt *Bellermann* weiter hervor, dafs

---

[1] *Bellermann* a. a. O. II. S. 474.

gewisse Schilderungen von Alpenszenen, wie sie *Schiller* im Tell giebt, in jedem, der die Alpen nicht gesehen hat, sicherlich eine von der Wirklichkeit mehr oder weniger abweichende Vorstellung hervorrufen. Aber »dies ist notwendig bei jeder dichterischen Schilderung so.« Gleich die prächtige Einleitungsszene »Es lächelt der See, er ladet zum Bade« ist darauf angelegt, die Stimmung idyllischen Friedens in uns zu wecken. Dabei ist es nun allerdings bewunderungswürdig, »dafs *Schiller* durch blofse Berichte anderer, mündliche wie gedruckte, sich in dieser Natur so heimisch machte, dafs er mit sicherer Hand solche Züge herausgriff, die die Phantasie beflügeln und ihr einen richtigen Anhalt bieten, und die auch dem Kundigen nirgends oder fast nirgends Anstofs erregen können.« Demnach läfst sich auch durch den Hinweis auf *Schillers* »Tell« das Urteil nicht erschüttern, dafs in der Landschaftspoesie die Anschaulichkeit der Sprache nicht in erster Linie die Bildung bestimmter Gemälde der Aufsenwelt, sondern vorwiegend eine Erregung des Gefühlslebens bezwecke. Trefflich bemerkt *Jean Paul* über diese Art, die Anschaulichkeit zu einem Mittel des Gefühlsausdrucks zu machen: »Es giebt Gefühle der Menschenbrust, welche unaussprechlich bleiben, bis man die ganze körperliche Nachbarschaft der Natur, worin sie wie Düfte entstanden, als Wörter zu ihrer Beschreibung gebraucht; und so findet man es im *Goethe, Jakobi* und *Herder*.«[1]) Wir möchten als einen Meister dieser Kunst *Jean Paul* selbst noch nennen.

Von Anschaulichkeit sprechen wir auch bei der Darstellung von Ereignissen, und auch hier gilt der Satz, dafs sie in erster Linie Wirkung auf das Gefühl erzielen will. Wenn jemand schreibt: »Am 9. März 1741, Nachts um 12 Uhr, griffen die Preufsen an fünf Stellen zugleich die Festung Glogau an. Der Sieg war sehr leicht. Schon um ein Uhr war die Festung erobert, der Kommandant

---
[1]) S. W. XVIII. S. 345. Man vgl. dazu auch *Steinhausen*, Der Wandel deutschen Gefühlslebens. S. 39.

und die Besatzung gefangen,« während ein anderer über dasselbe Ereignis berichtet: »Es war am 9. März, als mit dem Glockenschlage, der die Mitternacht verkündigte, die Festung an fünf verschiedenen Enden zugleich von den Preußen berennt wurde. Ein leichterer Sieg ist wohl selten errungen worden. Denn schon um ein Uhr flatterte der preufsische Adler siegreich auf den Wällen der bezwungenen Feste, deren Befehlshaber nebst der Besatzung sich zu Gefangenen ergeben mufste,«[1]) so sagen beide inhaltlich ganz dasselbe. Wenn nämlich der zweite Bericht die mitternächtigen Glockenschläge, die siegreich flatternden Adler mit erwähnt, so geschieht das keineswegs, den Inhalt wesentlich zu vervollständigen, sondern auch die Stimmung mit zu überliefern, die die Teilnehmer erfüllte, und das ist bekanntlich auch etwas Wesentliches. Der zweite Berichterstatter versetzt uns mit einem Schlage in die Spannung, mit der die Soldaten den Glockenschlag erwarteten, in die fieberhafte Erregung, mit der sie im schweigenden Dunkel der Nacht zum Angriffe schritten, in die stolze Siegesfreude, mit der sie die flatternden Fahnen auf den Wällen aufpflanzten. Ich erinnere weiter an eine Erzählung aus dem Märchen »Dornröschen«. Das Mädchen berührt die Spindel, sticht sich damit in den Finger, sinkt auf das Bett nieder und fällt in einen tiefen Schlaf. »Und dieser Schlaf verbreitete sich über das ganze Schlofs,« heifst es weiter. Käme es dem Märchen nur auf die Mitteilung der Thatsache an, so könnte es sich mit dem angeführten Satze begnügen. Aber es fährt fort: »Der König und die Königin, die eben heimgekommen und in den Saal getreten waren, fingen an einzuschlafen, und der ganze Hofstaat mit ihnen. Da schliefen auch die Pferde im Stall, die Hunde im Hofe, die Tauben auf dem Dache, die Fliegen an der Wand, ja, das Feuer, das auf dem Herde flackerte, ward still und schlief ein, und der Braten hörte auf zu brutzeln, und der Koch, der den

---

[1]) *Cholevius*, Praktische Anleitung zur Abfassung deutscher Aufsätze. S. 162/63.

Küchenjungen, weil er etwas versehen hatte, in den Haaren ziehen wollte, liefs ihn los und schlief. Und der Wind legte sich, und auf den Bäumen vor dem Schlofs regte sich kein Blättchen.« Gewifs treten hier neue Vorstellungen hinzu, die in der nackten Mitteilung, dafs das ganze Schlofs in Schlaf verfallen sei, nicht unmittelbar gegeben sind. Aber das Märchen beabsichtigt nicht im entferntesten, ein Bild des schlafenden Schlosses zu zeichnen, es will vielmehr die Wirkung des Ereignisses auf das Gemüt nachdrücklich hervorheben, indem es zeigt, wie alles Lebendige erstarrt und verstummt, wie Einsamkeit und traurige Stille im Schlosse einziehn. Ein beliebtes Mittel, einer Erzählung gröfsere Anschaulichkeit zu geben, ist der Gebrauch des historischen Präsens. Begebenheiten, die wir aus der Vergangenheit in die Gegenwart rücken, werden aus Erinnerungen gleichsam zu anschaulich sich neu vollziehenden Ereignissen, die Erzählung aber wird zur Schilderung. Sinnliche Anschauungen suchen wir aber in diesem Falle nur aus dem Grunde zu erzeugen, weil sie mehr auf Gefühl und Phantasie wirken als verblafste Vorstellungen. »Es ist etwas sehr Gewöhnliches, dafs wir, wenn wir eine Begebenheit erzählen, an der unser Gemüt und unsere Phantasie lebhaften Anteil nehmen, die Begebenheit aus der Vergangenheit in die Zeitanschauung der Gegenwart zu versetzen.« Mit Vorliebe macht man in gehobener Darstellung von diesem Mittel Gebrauch, aber es wird »mit gutem Erfolge auch in dem erzählenden und selbst in dem vertraulichen Stile angewendet, wenn nur eine nähere Teilnahme des Gemüts und der Phantasie an der zu erzählenden Begebenheit eine gröfsere Lebendigkeit der Darstellung rechtfertigt.«[1])

Nachdem wir so im allgemeinen nachgewiesen haben, dafs Wirkung auf das Gemüt durch sinnlich lebendige Darstellung erzielt werden kann, und dafs thatsächlich »das Stoffliche der Rede« häufig nur dem Zwecke dient,

---

[1]) *Becker-Lyon* a. a. O. S. 139.

Stimmung hervorzurufen,[1]) machen wir noch auf einige besondere Mittel aufmerksam, die den Einfluſs des sinnlichen Wortinhalts auf das Gemüt verstärken. Wir erwähnen da zuerst den Pleonasmus, den man in der Regel als eine Ausgeburt der Gedankenlosigkeit verwirft. Die Sprache, sagt man mit Recht, treibt keinen Luxus. Sie befolgt in der Ausbildung und Anwendung ihrer Mittel immer das »Prinzip des kleinsten Kraftmaſses«, wendet zur Verwirklichung ihrer Zwecke nicht mehr Kraft an, als unbedingt nötig ist.[2]) Der Pleonasmus widerstreitet diesem Prinzip, ist Kraftverschwendung und daher zu verwerfen. Namentlich unsere deutsche Sprache ist ihm mehr abhold als fast jede andere Kultursprache. Aber mit der bedingungslosen Verurteilung der pleonastischen Rede schieſst man weit über das Ziel hinaus, da sie durchaus nicht in jedem Falle gegen jenes Prinzip verstöſst. Wir beobachten oft genug die Erscheinung, daſs der sinnliche Gehalt eines Wortes verblaſst, daſs wenigstens einzelne Momente des Inhaltes an Deutlichkeit verlieren, daſs wohl auch die gefühlserregende Kraft des Wortes abnimmt. Soll nun dieses Wort gleichwohl mit der vollen Wucht seiner ursprünglichen Bedeutung gebraucht werden, so bedarf es eines verstärkenden Zusatzes, der ein nicht völlig deutliches, wenn auch noch nicht gänzlich verschwundenes Moment heraushebt. Soll aber gar die mit einer Teilvorstellung des Wortinhalts verbundene Gefühlswirkung ganz zu ihrem Rechte kommen, dann ist eine Hervorhebung des im Ganzen allerdings schon mitgedachten Einzelmomentes nötig. Und dieser Fall tritt in der poetischen Sprache sehr oft ein. Wenn griechische Dichter das Meer, überhaupt das Wasser als feucht und flüssig

---

[1]) Vgl. dazu auch *v. d. Gabelentz* a. a. O. S. 97 über »stimmungsvolle« Substantiva, Adjektiva, Verba u. s. w.

[2]) Über das »Prinzip des kleinsten Kraftmaſses« vgl. *Avenarius*, Philosophie als Denken der Welt gemäſs dem Prinzip des kleinsten Kraftmaſses, über die Anwendung dieses Prinzips auf die Sprache *Bruchmann* a. a. O. S. 174 ff.

bezeichnen, so thun sie für den Verstand und das Vorstellungsvermögen allerdings etwas Überflüssiges, nicht aber für die Phantasie und das Gemüt; denn was sie bei dem Zusatze im Sinne haben, ist nicht ein Gedanke, sondern ein Gefühl, das eben nur dann erregt werden kann, wenn man das Moment in der Vorstellung des Meeres, an das sich eine innere Empfindung anknüpft, deutlich hervorhebt. In der poetischen Sprache ist demnach die rednerische Wortfülle durchaus nicht verwerflich; denn dem scheinbar verschwenderischen Aufwande von Worten entspricht eine besondere Leistung auf dem Gebiete des Gefühlslebens. Sie hat den Zweck, »einen Begriff in kräftiger und lebendiger Weise zu veranschaulichen, ihn greifbarer für die Phantasie und wärmer für das Gemüt zu machen, und nur dann, wenn die Wortfülle diesen Zweck nicht erreicht, wenn sie also unnötig und müfsig ist, wird sie fehlerhaft.«[1]) Von diesem Gesichtspunkte aus sind zahlreiche pleonastische und tautologische Redeformeln zu beurteilen, die in der älteren Sprache geschaffen worden sind und heute noch fortleben, z. B.: Lob und Preis, Wind und Wetter, Schimpf und Schande, Saus und Braus, Sang und Klang, in Ketten und Banden, hinter Schlofs und Riegel, in Not und Elend, zittern und zagen, weit und breit. »Namentlich *Luthers* Sprache ist reich an solchen Redeformeln, und dieselben waren eins seiner Hauptmittel, durch das er seiner Sprache volksmäfsige Kraft und innige Wärme verlieh.«[2]) Wir begegnen bei ihm den Wendungen: singen und sagen, weinen und heulen, zürnen und toben, rauben und plündern, Nacht und Finsternis, Lust und Liebe, Trübsal und Jammer, Röte und Scham, Sünde und Schande, zart und weich, klar und lauter, hitzig und begierig und anderen. In allen diesen Formeln genügt ja zur rein sachlichen Mitteilung immer der erste Ausdruck, aber das Gefühl des Redenden kann sich dabei nicht genug thun, es verlangt

---

[1]) *Becker-Lyon* a. a. O. S. 240.
[2]) Ebend. S. 240.

noch einen besonderen Ausdruck unbeschadet des Prinzips des kleinsten Kraftmafses. Im Dienste einer Anschaulichkeit, die lediglich Gefühlserregung vermitteln soll, steht neben dem Pleonasmus die Hyperbel, die Übertreibung. Der Pleonasmus wirkt durch die Menge, die Übertreibung durch den Grad,[1]) denn sie »stellt die Dinge in einem Gröfsenverhältnisse dar, welches die Grenzen der Wirklichkeit und oft die der Möglichkeit überschreitet.«[2]) Den Alten schon war das wichtigste Kennzeichen der Hyperbel der Verstofs gegen die Wahrheit, sie nannten sie eine »*oratio superans veritatem*« oder auch eine Rede, die mehr sagt, als wir geglaubt wissen möchten. Aber warum sprechen wir dann so, da wir doch wissen, dafs man unsere Worte gar nicht für volle Wahrheit nehmen kann? Warum fordern wir den Hörer sogar zur Erzeugung einer Vorstellung auf, die überhaupt menschliches Denken nicht vollziehen kann? Offenbar darum, weil es uns in Wirklichkeit um eine Erregung des Gefühls und nur scheinbar um eine Steigerung der Anschaulichkeit zu thun ist. Wenn ich sage: »Es dauert eine Ewigkeit,« so sage ich begrifflich nicht mehr als: »Es dauert sehr lange,« aber zugleich gebe ich durch das Wort Ewigkeit den Unlustgefühlen der Erwartung und Spannung mit Ausdruck, und das ist eben der eigentliche Zweck der Hyperbel. Wenn wir ferner den Majestätsplural »Wir« statt ich gebrauchen, wenn wir einzelne Personen mit »Ihr« oder »Sie« anreden, so ergeben wir uns auch in Hyperbeln und zwar nur zu dem Zwecke, Gefühle der Achtung und Ehrfurcht zu äufsern, nicht um den eigentlichen, streng genommen widersinnigen Inhalt unserer Rede in der Vorstellung vollziehen zu lassen. In der Alltagsrede machen wir gern unserem Ärger durch Übertreibungen Luft, indem wir zu einem unfolgsamen Kinde sagen: »Du kannst nie gehorchen,« oder: »Ich habe es dir schon tausendmal ge-

---

[1]) *Bruchmann* a. a. O. S. 256.
[2]) *Becker-Lyon* a. a. O. S. 307. Dazu *Wackernagel* a. a. O. S. 401.

sagt,« obgleich wir unseren Befehl nur drei- oder viermal ausgesprochen haben. In dem Wunsche, eine erregte Stimmung, unseren Unwillen los zu werden, greifen wir zur Steigerung und zwar völlig dem Prinzip des kleinsten Kraftmafses entsprechend. Denn wir meinen, nicht die nüchterne Mitteilung, sondern nur der heftigste Ausbruch werde auf den Hörenden so eindringlich wirken, dafs wir ihn zu einem anderen Verhalten bewegen und wir so auf dem kürzesten Wege zu unserem Ziele gelangen. Diese Neigung wurzelt psychologisch so tief, dafs sie unsere Rede fortwährend beeinflufst und die Sprache zur Ausbildung zahlreicher hyperbolischer Wendungen getrieben hat.[1]) Auch der Humor greift gern zur Hyperbel. *Jean Paul* erzählt, auf der Hochzeitstafel des guten Armenadvokaten Siebenkäs habe man im Zentrum den »Suppenzuber« oder »Fleischbrühweiher« erblickt, »worin man mit den Löffeln krebsen konnte,« in einer Weltecke dagegen »einen Behemot von Teichkarpfen, der den Propheten Jonas hätte verschlingen können.« Ein Unteroffizier soll einen Soldaten, dem ein Knopf an der Uniform fehlte, grimmig angeherrscht haben, wie er es wagen könne, halb nackt in die Instruktionsstunde zu kommen. Wozu diese mafslosen Übertreibungen? Sie wollen lediglich das Gefühl des Lächerlichen erwecken.[2]) Achtet man darauf, in welchem Mafse die einzelnen Dichtungsarten von Hyperbeln Gebrauch machen, so erkennt man sehr bald, dafs die übertreibende Redeweise am besten in der Lyrik gedeiht, während sie »in der Redseligkeit des Epos erlahmt und keine Neigung verspürt zu der strengen Plastik des Dramas.«[3]) Vergleicht man die Hyperbeln verschiedener Völker, so ergiebt sich, dafs sich darin eine charakteristische Art zu fühlen ausprägt. Die leidenschaftlichsten Völker sind am mafslosesten in ihren verstärkenden Aus-

---

[1]) Vgl. *Bruchmann* a. a. O. S. 269 und *Hildebrand*, Vom deutschen Sprachunterricht. 2. Aufl. S. 109.
[2]) Vgl. dazu *Hildebrand* a. a. O. S. 109 ff.
[3]) *Bruchmann* a. a. O. S. 276.

drücken, namentlich die Orientalen und die Franzosen. Die Neigung, den Wert des Inhalts nachdrücklich zu betonen, ist freilich überall verbreitet, und Überschwenglichkeiten finden daher leicht Anklang. »Wir Deutschen ersetzen oft recht zur Unzeit das Adverb »sehr« durch »riesig, ungeheuer, schrecklich, fürchterlich« u. s. w., freuen uns erschrecklich und finden einen Menschen riesig nett. Gerade die vornehmere Gesellschaft gebärdet sich in ihrer Umgangssprache bedenklich nervös, vergeht vor Sehnsucht, stirbt vor Langerweile, amüsiert sich rasend, ist wütend, wenn ihr etwas zuwiderläuft, und behauptet zu fliegen, wenn sie eine beschleunigte Gangart annimmt. Das sind Gallicismen, die vorläufig noch unser gesunder Stil ablehnt. Im Französischen aber sind solche Ausdrücke geradezu geboten und natürlich durch den gemeinen Gebrauch entwertet und entkräftigt.«[1]) Auf Grund aller dieser Beobachtungen gelangen wir zu dem abschliefsenden Urteil, dafs die Sinnlichkeit der Hyperbeln nur eine scheinbare ist, da ja gerade Mafslosigkeit unplastisch wirkt, dafs in den verstärkenden Ausdrücken die einzelnen Anschauungen nur als Träger von Gefühlen eingeführt werden, alle Übertreibung somit im Dienste des Gefühls und der Phantasie steht.[2])

Ehe wir unsern Gegenstand, Befriedigung des Gefühls durch den sinnlichen Wortinhalt, verlassen, werfen wir noch einen Blick auf die bekannten, sich an den Namen *Hildebrands* knüpfenden Bestrebungen. Als deren Kern betrachtet man fast allgemein das Ziel, unser Denken, das sich der Sprache bedienen mufs, wieder gegenständlich zu machen, im Sprachbewufstsein statt leerer, fahler Wortschatten einen Vorrat deutlicher, farbenreicher Bilder anzusammeln, daher den sinnlichen Hintergrund verblafster Wörter wieder aufzuhellen, kurz: die Sache mit der Sprache, den Inhalt mit der Form wieder in lebendige Verbindung zu setzen wie Leib und Seele. Wir glauben,

[1]) *V. d. Gabelentz* a. a. O. S. 240.
[2]) *Becker-Lyon* a. a. O. S. 308.

dafs diese Auffassung mindestens einseitig ist, wenn sie auch durch Äufserungen *Hildebrands,* dafs etwa Worte und Wendungen »kleine Ausschnitte aus der wirklichen Welt,« gleichsam »photographische Bilder« seien, dafs sie vielfach abgegriffenen Münzen glichen, und andere offenbar begünstigt wird. Zweifellos aber will *Hildebrand* in vielen Fällen den sinnlichen Inhalt verblafster Wörter in erster Linie zu dem Zwecke aufgefrischt wissen, damit dem Schüler der in der Sprache liegende, reiche Gefühlsinhalt erschlossen werde. Schreibt doch zunächst *Hildebrand* von dem psychologischen Standpunkte aus, dafs das Ich sich im Gemüte entwickelt, ist er doch mit *Schiller* der Überzeugung, dafs der Weg zum Kopfe durch das Herz geöffnet werden müsse, und sieht er doch in der Aufhellung des sinnlichen Hintergrundes eines Wortes »ein Verarbeiten mit dem thätigen, schöpferischen Gemüt«, worunter er freilich mehr als ein unklar schwächliches Gefühlsleben versteht. Wenn er auch hin und wieder betont, wie durch sinnliche Schärfe des Wortinhalts das Denken gefördert werde, da ja scharfes Sehen der erste Anfang zu scharfem Denken sei, so vergifst er doch nicht, ausdrücklich hinzuzufügen, dafs derselbe Weg der »anschauenden Ausbildung« zugleich zu einer »Ergänzung nach der Tiefe, einer Vertiefung durch Empfinden« hinführt, so dafs »immer Sehen, Denken und Empfinden in ein Thun zusammenfallen.« Wie könnte er sonst auch von seinem Sprachunterrichte erwarten, dafs er den Schüler in gewissen Augenblicken emportrage auf heitere Bergeshöhn, seine Seele stärke und erhöhe, ihn das Alltagsleben in ungewohntem Glanze schauen lasse, ja ihn mit Kraft ausrüste wider die Versuchungen des Lebens und so beitrage zur Erziehung der ganzen Nation? Mit einer blofsen Auffrischung verschwommener Denkbilder, von der lediglich das Vorstellungsvermögen Gewinn zöge, ist dies nicht gethan, vor allem würde damit nicht der Hauptzweck *Hildebrands* erreicht, der Gemütsbildung wieder zu ihrem Rechte zu verhelfen.

Wir kehren nach diesem Ausfluge in das pädagogische Gebiet auf die Hauptstrafse unserer Untersuchung zurück. Die Betrachtung eines bekannten Wortes aus *Goethes* »Faust« wird uns einen neuen Gesichtspunkt eröffnen. Mephistopheles sagt zum Schüler:

>»Grau, teurer Freund, ist alle Theorie,
>Und grün des Lebens goldner Baum.«

An unser Vorstellen wird hier die Anforderung gestellt, in dem Bilde eines Baumes gleichzeitig die Eigenschaften grün und golden zu denken, eine Zumutung, die wir nicht erfüllen können, da uns nur gelbes Gold bekannt ist. Wie sollen wir nun den merkwürdigen Ausspruch erklären? Fragen wir einmal bei einem der mafsgebenden Kommentatoren, etwa bei *Schröer*, um Auskunft an. Wir werden da belehrt: »Golden hat hier, wie so oft, die Bedeutung von herrlich. Grün wie des Lebens goldner Baum ist hier: frisch wie das Leben, das einem herrlichen Baume gleich ist.«[1]) Wir können gegen diese Deutung den Einwand nicht unterdrücken, dafs, wenn *Goethe* mit seinem »golden« nichts weiter sagen wollte als herrlich, er dann auch dieses Wort hätte gebrauchen und uns nicht mit einem Widerspruch der Bilder hätte belästigen sollen. Offenbar verfolgt er aber mit dem Worte »golden« einen besonderen Zweck, es soll mehr sagen als das ziemlich leere »herrlich«. Wollen wir uns nämlich auf Grund der Worte des Dichters eine wirkliche Vorstellung bilden, so gilt es entweder das Merkmal grün oder das in der Vorstellung Gold liegende Merkmal des Gelben vom Bilde des Baumes auszuschliefsen. Zweifellos müssen wir uns für den zweiten Fall entscheiden. Wir dürfen demnach nur d a s aus der Vorstellung Gold auf das Bild des Baumes übertragen, was übrig bleibt, nachdem wir aus ihr die Empfindung gelb entfernt haben. Allein für unsere Sinnlichkeit bleibt dann gar nichts übrig; ein Gold, das nicht

---

[1]) Faust von *Goethe*. Mit Einleitung und fortlaufender Erklärung herausgegeben von *Schröer*. 3. Aufl. I. S. 130/31.

gelb ist, können wir uns nicht denken. Aber die Wörter bezeichnen eben zum allergröfsten Teil nicht blofs Objekte, sondern auch deren Verhältnis zu unserem Gemüt, ihre Gefühlswirkung. So ist auch das Wort Gold zugleich der Träger eines ziemlich intensiven sinnlichen Gefühles, das sich hauptsächlich an die Farbe des Metalls knüpft und nicht mit dem Wonnegefühl zu verwechseln ist, das der Millionär beim Anblick seines Reichtums an gemünztem Golde empfinden mag. Goethe selbst belehrt uns ja in seiner Farbenlehre, dafs jede Farbe durch Vermittelung des Auges eine Wirkung auf das Gemüt hervorbringe, weshalb sie auch ästhetischen Zwecken nutzbar gemacht werde. In seiner Abhandlung über die »sinnlich-sittliche Wirkung der Farbe« führt er nun aus, dafs das Gelb als eine Farbe der Plusseite »regsam, lebhaft, strebend« stimme, in seiner höchsten Reinheit immer die Natur des Hellen mit sich führe und eine »heitere, muntere, sanft reizende Eigenschaft« besitze. »In diesem Grade ist sie [die gelbe Farbe] als Umgebung, es sei als Kleid, Vorhang, Tapete angenehm. Das Gold in seinem ganz ungemischten Zustande giebt uns, besonders wenn der Glanz hinzukommt, einen neuen und hohen Begriff von dieser Farbe; so wie ein starkes Gelb, wenn es auf glänzender Seide, z. B. auf Atlas erscheint, eine prächtige und edle Wirkung thut.« So mache das Gelb einen durchaus »warmen und behaglichen Eindruck«, was man besonders deutlich beobachten könne, wenn man an grauen Wintertagen eine Landschaft durch ein gelbes Glas betrachte. »Das Auge wird erfreut, das Herz ausgedehnt, das Gemüt erheitert; eine unmittelbare Wärme scheint uns anzuwehen.« [1]) Lediglich diese auch vom Golde ausgehende Wirkung auf das Gefühl sollen wir mit in die Vorstellung des Baumes aufnehmen. Das Leben, der grüne Baum, erwärmt, erheitert, erfreut uns, wie der Anblick des Goldes dem Menschen das Herz mit Wonne erfüllt. Nun verträgt sich grün mit golden; denn

---

[1]) Farbenlehre. LV, 758 ff.

grün geht auf die Vorstellung, golden auf das Gefühl, und auch nach ihrer Wirkung auf das Gemüt harmonieren die Farben, denn das Grün erzeugt in uns das Gefühl »der realen Befriedigung«. Jetzt ist es klar, warum *Goethe* — natürlich nicht auf Grund einer umständlichen Reflexion — »golden« sagt und nicht »herrlich«. »Golden« bezeichnet ein individuelles, qualitativ bestimmtes Gefühl, »herrlich« ist nichts als ein Klassenbegriff, der nicht etwa das Gemüt mit lebendigem Gefühle erfüllt, sondern nur für den Verstand eine ganze Gruppe von Gefühlen ordnet und zusammenhält. Auch wenn *Goethe* anderwärts von goldner Liebe, goldnen Träumen, goldnen Märchen, goldnen Thälern spricht, *Schiller* von einem goldnen Morgen, goldnen Zeiten, einem goldnen Saitenspiele singt, *Hölderlin* goldne Töne, die goldne Götterruhe, den goldnen Herbst und die goldne Welt im Liede preist, wenn eine Mutter ihren Knaben als einen goldenen Jungen rühmt, so hat das Wort »golden« nicht einen Anschauungs-, sondern einen Gefühlswert. »Golden ist ein Typus des Wertvollen. Was schön, herrlich, wertvoll ist, wird am kürzesten, mit dem kleinsten Aufwande von Kraft, durch golden bezeichnet: die Nike, die Muse, die Nereiden sind golden. Nicht in unserer Anschauung, sondern in der Schätzung unseres Gefühls. Sollten sie also plastisch dargestellt werden, so würden sie nicht aus Gold gemacht werden können.«[1]) Wie wir aus diesem Gebrauche des Wortes »golden« sehen, genügt in vielen Fällen die Anschaulichkeit nicht, das volle, an einen Gegenstand oder einen Vorgang gebundene Gefühl ganz auszudrücken, vorausgesetzt, dafs dies mit möglichst wenig Mitteln geschehen soll. Was thun wir nun in solchem Falle, um den Bedürfnissen unseres Gemüts doch gerecht zu werden? Wir helfen uns mit der **Gefühlsübertragung**, deren wichtigstes Mittel die **Bildlichkeit der Sprache** ist. Bildliche Ausdrücke sind Gleichnisse. Ob deren Zweck von Haus aus lediglich Verdeutlichung

---

[1]) *Bruchmann* a. a. O. S. 251.

ist, oder ob sie schon von Anfang an auch dem Gefühlsausdrucke dienen, lassen wir dahingestellt sein.[1]) Jedenfalls müssen wir in unseren entwickelten Sprachen unterscheiden zwischen Gleichnissen, die auf das Verständnis gerichtet sind, und anderen, die nur Stimmung wecken wollen, nur der Gefühlsübertragung dienen. Die erklärenden Gleichnisse stellen das Wesen der Dinge in Analogie. Der naive Geist namentlich, zu dessen Aufgaben es noch nicht gehört, den Inhalt des Wahrgenommenen in vollständigen Definitionen zu erschöpfen, deutet sich alles Unbekannte durch ein »Wie« oder ein »Gleichsam«.[2]) Die »verschönernden« Gleichnisse[3]) dagegen ruhen auf der Voraussetzung, dafs Objekte und Vorgänge in ihren Wirkungen Analogie erkennen lassen, und übertragen daher einfach den Gefühlswert des Falles a auf den in seiner Bedeutung für das Gefühl gleichartigen Fall b. Wenn jemand sagt: »In der Nacht sind alle Kühe schwarz«, so will er durch dieses Beispiel die Wahrheit einleuchtend machen, dafs die Dunkelheit alle Unterschiede der Farben, der Schönheit u. s. w. aufhebt. Sobald er also jene Redensart bildlich anwendet, sie etwa gebraucht, wenn er am Abende einen schlechten Rock anzieht, soll sie nur einer allgemeinen Regel anschaulichen Ausdruck geben. Besonders deutlich erkennt man den Zweck der Verständlichmachung an Beispielen wie folgenden: »Diese Pflanze riecht wie Moschus;« »Diese Masse ist weich wie Wachs.« Hören wir dagegen aus Falstaffs Munde die Worte: »Dieser falsche Schlufs ist mir so zuwider wie eine leere Kanne,« so deutet schon das Wort »zuwider« an, dafs es sich bei dieser Vergleichung nur um eine Gefühlsanalogie handeln kann, zumal ja auch Falstaff gerade den Gegenstand zur Vergleichung heranzieht, der in der denkbar innigsten Beziehung zu seinen Gefühlen steht. Vielfach werden die Gleichnisse beiden Zwecken, dem der Verdeutlichung und

---

[1]) Vgl. dazu *Bruchmann* a. a. O. S. 249.
[2]) *V. d. Gabelentz* a. a. O. S. 236.
[3]) Die Bezeichnung ist freilich zu eng.

dem der Gefühlserregung dienen, wenn auch dem einen
in höherem Mafse als dem anderen. Ich erinnere an die
Redensart »mit Mann und Maus«, die zweifellos vom
Schiffe hergenommen ist. Ein Schiff geht unter mit »Mann
und Maus«, das heifst »vollständig«, was man durch Nennung
des gröfsten und des kleinsten lebenden Wesens auf dem
Schiffe umschreibt. Wie steht es aber dann, wenn es nach
Gutzkows Worten mit Mann und Maus aufs Schlofs geht,
wenn, wie *Arndt* singt, Mann und Maus gefangen werden?
Hat man sich hier wirklich Mäuse mit beteiligt zu
denken? Offenbar nicht. Nun mag ja zugegeben werden,
dafs auch hier die Redensart uns den Begriff des Vollständigen
etwas deutlicher zum Bewufstsein bringt als
eben das blofse Wort vollständig. Aber die eigentliche
Anschaulichkeit wird nicht erhöht, braucht doch an dem
Zuge auf das Schlofs weder ein Mann noch eine Maus
teilgenommen zu haben. Wir sehen, aus dem blofsen Bedürfnis
nach Deutlichkeit heraus kann die Redensart nicht
entsprungen sein. »Mann und Maus« werden nicht nur
zur Bezeichnung der Vollständigkeit, sondern als Vertreter
des Lebendigen auf dem Schiffe besonders auch zu dem
Zwecke genannt, um uns etwas von dem Grauen empfinden
zu lassen, mit dem für uns der Anblick eines untergehenden
Schiffes verbunden ist. Wenn ich demnach statt »vollständig«
sage mit »Mann und Maus«, so wird zwar nicht
der sachliche, wohl aber der persönliche Erfolg ein anderer.
Unsere Redensart ist so im wesentlichen ein Träger eines
Gefühlswertes, und ihre bildliche Verwendung geschieht
vornehmlich im Dienste der Gefühlsübertragung. Durchaus
auf Gefühlsbefriedigung abgesehen ist es, wenn man
sich in Schimpf- und Fluchwörtern der Vergleichung bedient.
Wer zur Charakteristik seiner Mitmenschen Ochs,
Esel, Kamel, Elefant, Gans und anderes Getier heranzieht,
der folgt weniger dem Triebe nach Veranschaulichung und
Verdeutlichung als dem Bedürfnis, den Gefühlen der Verachtung,
des Zornes u. s. w. Ausdruck zu geben. In den
bisher angeführten Beispielen bleiben wir immer innerhalb

der Grenzen der Erfahrung. Wenn aber *Schiller* von »himmelschönen Stunden« singt, die Jungfrau in der Glocke mit einem »Gebild aus Himmelshöhn« vergleicht, den Fischerknaben im Tell ein Klingen hören läfst »wie Stimmen der Engel im Paradies«, so kann von einer sinnlichen Verdeutlichung gar keine Rede sein, da der Inhalt der Bilder jenseits aller Erfahrung liegt. Ja, auch wenn derselbe Dichter in seiner Frühzeit mit Vorliebe zu Bildern greift, durch die er den Blick in die ungeheure Weite des Weltalls lenkt, wie in den Laura-Oden, im Liede an die Freude und anderwärts, so führt er uns über die Grenzen des Vorstellbaren hinaus. Die Vergleichung berührt sich mit der Hyperbel, Erregung der Gefühle wird zu ihrer einzigen Aufgabe. Bekanntlich bewegen sich *Klopstocks* Gleichnisse durchgängig auf dem Gebiete des Übersinnlichen. »Meist ist bei *Klopstock* das, was in dem Gleichnis ausgesprochen wird, noch unfafslicher als das, was durch das Gleichnis erläutert werden soll.«[1]) Seine Bilder gehen hervor aus einer »überquellenden, auf das Geistigste gewendeten Empfindung«, sind mit wenigen Ausnahmen dem Geistes- oder Gemütsleben des Menschen entlehnt und verfolgen als letzte Absicht, »das Gefühl der Leser mächtig zu erregen.«[2]) Schon *Schiller* nannte ja aus diesem Grunde in seiner Abhandlung »Über naive und sentimentalische Dichtung« den Sänger des Messias »einen musikalischen Dichter«. »Man möchte sagen, er ziehe allem, was er behandelt, den Körper aus, um es zu Geist zu machen, so wie andere Dichter alles Geistige mit einem Körper bekleiden. Beinahe jeder Genufs, den seine Dichtungen gewähren, mufs durch eine Übung der Denkkraft errungen werden; alle Gefühle, die er und zwar so innig und so mächtig in uns zu erregen weifs, strömen aus übersinnlichen Quellen hervor. Daher dieser Ernst, diese Kraft, dieser Schwung, diese Tiefe, die alles charakteri-

---

[1]) *Muncker*, F. G. Klopstock. S. 132.
[2]) *Muncker* a. a. O. S. 131 u. 134.

sieren, was von ihm kommt; daher auch diese immerwährende Spannung des Gemüts, in der wir bei Lesung desselben erhalten werden.«[1] Wie das Gleichnis, so ist auch die Personifikation, deren Einfluſs auf die Ausbildung grammatischer Formen wir bereits untersucht haben, ein Hauptmittel im Dienste der Gefühlsübertragung. Wir wollen uns hier über ihre Bedeutung kurz fassen. Sie entspringt dem allgemeinen menschlichen Bedürfnis, sich selbst mitzuteilen an die umgebende Welt, sie ist keine von Dichtern geschaffene Figur, sondern wächst frei im Gemüte jedes Menschen und bietet sich ungesucht von selbst dar, »wenn das Gemüt und die Phantasie in lebhafter Aufregung sind.«[2] Wenn *Schiller* in einem Briefe an *Goethe* sagt: »Jeden, der im stande ist, seinen Empfindungszustand in ein Objekt zu legen, so dafs dieses Objekt mich nötigt, in jenen Empfindungszustand überzugehen, folglich lebendig auf mich wirkt, heiſse ich einen Poeten, einen Macher«,[3] so ist damit geradezu gesagt, dafs die Personifikation, die Beseelung des Unbelebten, für den Dichter das wichtigste Mittel ist, innerer Bewegung Ausdruck zu geben. Und *Vischer* bemerkt ganz im Sinne des *Schiller*schen Ausspruches vortrefflich: »Alle Mittel der Veranschaulichung drängen als beseelend wesentlich zur Personifikation hin.«[4] Unerreichbar in der Kunst, uns die Welt im Widerschein des subjektiven Seelenzustandes zu malen, steht *Goethe* da, der tiefer als alle anderen deutschen Dichter den Zusammenhang des menschlichen Gefühlslebens mit der Natur, diese »wundersame Verwandtschaft mit den einzelnen Gegenständen der Natur«, das »innige Anklingen, ein Mitstimmen ins Ganze« innerlich erlebte und ahnend ergriff. Wer vermag sein Herz und Gemüt dem Zauber zu verschlieſsen,

---

[1] Man vgl. dazu die schöne Meditation bei *Schultz* a. a. O. I, S. 74: »Inwiefern zeigt sich *Klopstock* in seinen Oden als ein ‚musikalischer Dichter'?«
[2] *Becker-Lyon* a. a. O. S. 100 ff.
[3] Vgl. dazu *Vischer*, Ästhetik. III, S. 1171.
[4] Ebend. S. 1220.

wenn er uns Bilder geheimnisvollen Naturlebens schauen
läfst, wie etwa folgende:

»Schon stand im Nebelkleid die Eiche
Ein aufgetürmter Riese da,
Wo Finsternis aus dem Gesträuche
Mit hundert schwarzen Augen sah.«

oder: (Willkommen und Abschied.)

»Wie herrlich leuchtet	Es dringen die Blüten.
Mir die Natur!	Aus jedem Zweig
Wie glänzt die Sonne!	Und tausend Stimmen
Wie lacht die Flur!	Aus dem Gesträuch.«

(Mailied.)

Gerade an diesen bekannten Beispielen aus *Goethes* Lyrik tritt es deutlich zu Tage, wie wir unser eigenes Inneres auf die Natur übertragen und nur das von ihr empfangen, was wir ihr erst geliehen haben. Dem Akte der Personifikation verdanken auch die mythischen Wesen ihre Entstehung, nur »dafs er freier ästhetischer Schein bleibt, während in der Mythologie die bedeutendsten seiner Schöpfungen sich im Glauben als wirkliche Wesen festsetzten.«[1]) Uns sind die mythischen Wesen nichts Wirkliches mehr, sie sind uns Scheingestalten, und doch reden von ihnen, namentlich von den griechischen Göttern, die Dichter zuweilen heute noch, als ob jene thatsächlich vom Olymp aus die Welt regierten. *Goethe* freilich hat sie ein- für allemal aus seiner Lyrik verwiesen. Als Leipziger Student erhielt er einst die Aufforderung, zur Hochzeit eines Oheims ein Gedicht zu liefern. Er war bereit dazu, suchte aber seine Arbeit mit äufserlichem Schmuck aufs beste herauszustutzen und versammelte daher den ganzen Olymp, um über die Heirat eines Frankfurter Rechtsgelehrten zu ratschlagen. Sein Gedicht gefiel zu Hause, nicht aber seinem Lehrer, Professor *Clodius*, der unter anderem »den Gebrauch und Mifsbrauch solcher mythologischen Figuren als eine falsche, aus pedantischen Zeiten sich herschreibende Gewohnheit« verwies. »Da mir ... seine Kritik, wenn ich seinen Standpunkt annahm, ganz richtig

---

[1]) *Vischer* a. a. O. III, S. 1224.

zu sein schien, und jene Gottheiten, näher besehen, freilich nur hohle Scheingestalten waren, so verwünschte ich den gesamten Olymp, warf das ganze mythische Pantheon weg, und seit jener Zeit sind Amor und Luna die einzigen Gottheiten, die in meinen kleinen Gedichten allenfalls auftreten« (Dichtung und Wahrheit, 7. Buch). Freilich auch an Amor glaubt niemand, und darum möchte man wohl den »scheinheiligen Dichtern« mit *Hölderlin* zurufen:

»Ihr kalten Heuchler, sprecht von den Göttern nicht!
Ihr habt Verstand, ihr glaubt nicht an Helios,
Noch an den Donnerer und Meergott;
Tot ist die Erde, wer mag ihr danken?«

Aber hören wir auch, wie *Hölderlin* die beleidigten Götter besänftigt:

»Getrost, ihr Götter! zieret ihr doch das Lied,
Wenn schon aus euren Namen die Seele schwand,
Und ist ein grofses Wort vonnöten,
Mutter Natur! so gedenkt man deiner.«

In der That sind sie uns nichts weiter als eine äufsere Zierde des Liedes, weil ihre Namen in der Zeit der Renaissance, als sie in das Bewufstsein unseres Volkes eintreten, einen gewissen Gefühlswert angenommen haben. Die Humanisten schauten ja »mit religiöser Inbrunst auf zu dem Ganzen der antiken Kultur und dachten sich in deren Leben bis zu halber Verehrung der Götter und Göttinnen des Pantheons.«[1]) So sind die Namen der griechischen Götter geradezu zu Gefühlswörtern geworden, wenn sie auch bei dem Mangel eines realen Inhaltes eine tiefere Beziehung zum Gemüte des Volkes nicht gewinnen konnten. Dafs aber Amor und Luna eine bevorzugte Stellung erhielten, erscheint darnach sehr wohl begreiflich. Ist nun auch die griechische Mythologie, eben weil sie für uns nicht lebendig ist, niemals poetisch geworden, so ist sie doch im Vorteil gegen unsere heimische, da dieser die Voraussetzung der allgemeinen Kenntnis abgeht und sich

---

[1]) *Lamprecht*, Deutsche Geschichte. V, S. 198. Dazu *Borinski* a. a. O. S. 32.

daher auch keinerlei Interesse an sie knüpfen kann. Man vergleiche, um den Unterschied zu erkennen, *Klopstocks* »Wingolf« in der ersten und zweiten Fassung:

1. Wie Hebe kühn und jugendlich ungestüm,
Wie mit dem goldnen Köcher Latonas Sohn,
Unsterblich sing ich, meine Freunde
Feiernd in mächtigen Dithyramben.

Willst du zu Strophen werden, o Lied, oder
Ununterwürfig, Pindars Gesängen gleich,
Gleich Zeus' erhabnem trunkenen Sohne,
Frei aus der schaffenden Seele taumeln?

2. Wie Gna im Fluge, jugendlich ungestüm
Und stolz, als reichten mir aus Idunas Gold
Die Götter, sing ich meine Freunde
Feiernd in kühnerem Bardenliede.

Willst du zu Strophen werden, o Haingesang,
Willst du gesetzlos, Ossians Schwunge gleich,
Gleich Ullers Tanz auf Meerkrystalle,
Frei aus der Seele des Dichters schweben?

Borinski fragt mit Recht: »Was ist uns neben Hebe — ‚Gna'? Was neben Latonens Sohn Apollo ‚Idunens Gold'? Was ‚Uller' neben Zeus und Bachus? und was schließlich ‚Ossians Schwung' neben Pindars Gesängen?«[2]) Realen Inhalt haben für uns weder die griechischen noch die germanischen Götter, aber die Namen jener sind für uns Träger von Gefühlen, aus welchem Grunde allein sie lange in unserer poetischen Sprache eine wichtige Rolle gespielt haben.[3]) Eine ähnliche Stellung wie die griechischen Götter nimmt in unserer Sprache der Teufel ein. Die Redensart »scher' dich zum Teufel« ist in dieser Hinsicht sehr belebrend. »Denn erstens wird sie von vielen Menschen, vielleicht gerade von solchen am meisten angewendet, welche gar nicht an den Teufel glauben. Zweitens weifs der, welchem die Worte zugerufen werden, nicht, wohin er gehen soll, falls er wirklich geneigt wäre, jener Aufforderung Folge zu leisten. Drittens ist der Redende

---

[1]) A. a. O. S. 33.
[2]) Vgl. dazu auch *Bruchmann* a. a. O. S. 202 ff.

sich im voraus darüber klar, dafs sein Wunsch nicht in Erfüllung gehen wird. Nur eins wird erreicht: das Gefühl oder die Stimmung des Redenden hat sich durch diese Entladung befriedigt und der Angeredete ist über das Gefühl, welches er in diesem Augenblick erregt, nicht in Zweifel. Jene Worte dienen also nur dazu, ein Gefühl oder eine Stimmung auszudrücken; sie enthalten keine Anschauung, so lebendig sie sind, wenn nicht die vom Geben. Die Vorstellung des Teufels, obgleich es ein Wort ist, ist kaum eine Vorstellung zu nennen, wenn und weil an das Dasein des Teufels nicht geglaubt wird. Logisch genommen würde die Redensart besagen: wenn es einen Teufel giebt und wenn mein Wunsch hinreichend ist, dich in seinen Bereich zu bringen, so wünsche ich, dafs du zum Teufel gehst. Psychologisch hat sie nur den Inhalt, das Gefühl der Abneigung in Worten auszudrücken.«[1]) Wie die Wörter Tod, Hölle, Glücksstern und andere in ähnlichem Sinne gebraucht werden, können wir hier nicht weiter erörtern. Nur noch ein Beispiel für Gefühlsübertragung, in dem es sich weder um ein Bild noch um eine Personifikation handelt! Ich rede einen fremden Knaben mit den Worten an: »Mein Sohn!« Was will ich wohl damit sagen? Nicht das, was die Worte eigentlich bedeuten, sondern nur, dafs ich für den Knaben ebenso empfinde, als ob er mein Sohn wäre. *Schiller* beginnt seinen »Spaziergang« mit den Worten: »Sei mir gegrüfst, mein Berg, mit dem rötlich strahlenden Gipfel!« Wie kommt der Dichter dazu, hier das Pronomen »mein« zu gebrauchen? Besitzt er etwa den Berg? Nimmermehr! Das Possessivpronomen ist hier lediglich der Ausdruck »für das gemütliche Besitzgefühl des die Gegend oft besser als der eigentliche Besitzer kennenden und in ihr lebenden Liebhabers.«[2])

Die zuletzt behandelten Beispiele haben uns bereits ahnen lassen, dafs der Gebrauch der Wörter im Dienste

---
[1]) *Bruchmann* a. a. O. S. 5.
[2]) *Hugo Hildebrand* in Zeitschr. f. deutsch. Unterr. I. S. 547.

der Gefühlsübertragung von gröfster Bedeutung für die Entwickelung der Sprache ist. Werden wir oft genötigt, aus der Dreiheit Wort — Vorstellung — Gefühl das mittlere Glied gleichsam auszuschalten, so verschwindet es mit der Zeit für unser Bewufstsein überhaupt aus dem Wortinhalt, das Wort bezeichnet für uns nur noch ein Gefühl, ist demnach reines Gefühlswort. *Hildebrand* hat in *Grimms* Wörterbuch an zahlreichen Beispielen diesen Entwickelungsgang'mit bekannter Meisterschaft dargelegt. Ich greife das Wort »gefallen« heraus. Wie staunen die Schüler, wenn man sie einmal fragt, was denn gefallen wohl mit fallen zu thun haben möge, und wie tasten sie dann unsicher umher, um den Anschlufs an das Stammwort zu finden, ein Beweis, dafs »gefallen« für das Vorstellen nichts mehr sagt. Von Haus aus ist gefallen nur ein verstärktes Fallen. Es ward gern vom Fallen der Würfel und des Loses gebraucht, woher die Redensarten entstanden »mir fellet« oder »gefellet ez wol«, d. h. ich habe Glück im Spiel. Hieraus erklärt sich übrigens auch der Sinn des Wortes Zufall. Da man im Mittelalter den Kampf gern als ein Spiel auffafste, übertrug man weiter das Wort gefallen auf den Kampf, so dafs »mir gefellet ez wol« zu der Bedeutung kam: mir fällt der Sieg zu. Nach einem siegreichen Kampfe verteilte man die Beute, und zwar entschied hier wieder das Los, was einem jeden »zufiel«. Von der Beuteteilung übertrug man das »Gefallen« auf die Erbteilung und schliefslich auf jede andere Austeilung. Wenn also die Alten sagten: mir gefellet ez wol, so dachten sie dabei an das Spiel, an den Kampf, an die Verteilung der Beute, des Erbes oder anderen Gutes. Auf jeden Fall aber verknüpfte sich für sie mit dem Worte »gefallen« eine bestimmte Anschauung. Selbstverständlich hatten die mit »gefallen« verbundenen Vorstellungen für unsere Alten einen hohen Gefühlswert. Empfingen sie nun einmal von irgend einem Gegenstande einen angenehmen Eindruck von besonderer Stärke, dann suchten sie denselben wohl durch das Wort »gefallen« wiederzugeben. Sie wollten in solchem Falle sagen: das Objekt wirkt so auf mich, wie der mir zufallende Gewinn im Spiel oder wie der mir zufallende Anteil am Erbe. Durch die auf diese Weise häufig wiederholte Hinlenkung der Aufmerksamkeit auf den Gefühlsinhalt des Wortes »gefallen« mufste dieser schliefslich über den Vorstellungsinhalt ein Übergewicht erlangen und ihn endlich ganz verdrängen, so dafs nun gefallen nichts mehr bezeichnet als eine bestimmte Beziehung eines Objektes zu unserem Gemüte. An den Wörtern »Kleinod«, »köstlich« (»kostbar«), »Elend« und anderen liefse sich dieselbe Entwickelung nachweisen. »Kostbar« ist für uns, wie *Hildebrand* sagt, nur noch ein »Kraftwort«. Aus dem Worte »Krone« ist noch nicht aller Anschauungsinhalt verschwunden, aber es wird im allgemeinen doch nur angewandt »als höchster Ausdruck des Preises, des Entzückens, ... ohne klares Bild.« Über die Geschichte des Wortes »Kreuz« bemerkt *Hildebrand*, dafs schon im 16. Jahrhundert die Vorstellung aus ihm gewichen sei, wie auch »Galgen« in der Hauptsache nur als »Zornwort« Verwendung finde. Es ist klar, dafs mit der Ausschaltung der Vorstellung, die sich stets zwischen das Wort und das Gefühl drängt, die Entwickelung eines reinen Gefühlswortes noch nicht völlig abgeschlossen sein kann. Indem nach Beseitigung des anschaulichen Inhaltes das Wort in grofser Allgemeinheit gebraucht wird, mufs auch sein Gefühlsinhalt die bestimmte qualitative Färbung verlieren, die er dem Vorstellungsinhalte verdankt, er wird allgemein und schattenhaft, das Wort aber wird zu einer Bezeichnung einer ganzen Anzahl ähnlicher Gefühle, nähert sich also mehr und mehr der begrifflichen Abstraktion. Das Wort gefallen ist ein treffendes Beispiel dafür. Gerade »das höchste Gefallen« vermag es nicht mehr auszudrücken. Ärgert sich doch Werther stets, wenn man ihn in Gesellschaft fragt, wie ihm Lotte »gefalle«. Er schreibt unter dem 10. Juli: »Wenn man mich nun gar fragt, wie sie mir gefällt? — Gefällt! Das Wort hasse ich bis auf den Tod. Was mufs das für ein Mensch sein, dem Lotte gefällt, dem sie nicht alle Sinne, alle Empfindungen ausfüllt! Gefällt! Neulich fragte mich einer, wie mir Ossian gefiele!« Eine gewisse Schwierigkeit scheint darin zu liegen, wie wir uns Wörter und Wendungen mit blofsem Gefühlsinhalte aneignen und sie sicher anwenden lernen. Wir empfangen sie natürlich durch Überlieferung[1]) und erhalten Aufschlufs über ihren Sinn durch die Umgebung, in der sie uns mit einer gewissen Regelmäfsigkeit entgegentreten. »Der Zusammenhang der Rede ist für das Verständnis solcher starr überlieferten Formeln zum Verständnis unerläfslich.« Niemand weifs auf Grund der Überlieferung mehr, dafs »abgefeimt« eigentlich abgerahmt, abgeschäumt bedeutet und ursprünglich von der Milch gebraucht wird. Gleichwohl ist kein Mensch darüber im Zweifel, was er unter einem abgefeimten Schurken zu verstehen habe, da hier eben abgefeimt mit Schurke verbunden ist. »Das Gefühl, welches wir haben, wenn von einem Schurken erzählt wird, dient also zur Apperzeption von abgefeimt. Die Nähe von Schurke giebt dem abgefeimt seinen Gefühlswert; nur durch die Verbindung mit Schurke kommt es zu seinem Sinn. Dieser Sinn ist ein Gefühlswert, welcher leicht durch ein Synonymum wie niederträchtig, verschlagen ersetzt werden könnte.«[2]) Ein treffendes Beispiel für den Einflufs einer regelmäfsig wiederkehrenden Verbindung auf den Gefühlswert eines Wortes haben wir in unserem Worte schlecht. Ursprünglich bedeutet es nur soviel wie schlicht, einfach. Da es nun aber zweifellos in Verbindungen üblich gewesen ist, »in denen das Einfache als das Minderwertige erschien«, z. B. ein schlechtes Haus oder Gewand im Gegensatz zum vornehmen, so ist es zu seinem jetzigen übeln Sinne gekommen. Zugleich sieht man daraus, dafs der sog. Bedeutungswandel häufig nur in der Veränderung des Gefühlswertes besteht, den wir einem Worte zuschreiben. Verletzt ein Wort geradezu unser Gefühl in

---

[1]) *Bruchmann* hat im ersten Teile seines mehrerwähnten Buches zahlreiche Beispiele dafür gegeben.
[2]) Ebend. S. 194/95.

grober Weise, so ist seine Abschaffung ziemlich sicher. »Die gute Sitte will, dafs gewisse Dinge nicht bei den ihnen eigenen, sondern umschreibend, andeutend, bei entlehnten Namen genannt werden. Diese Euphemismen klingen harmlos und wollen es sein. Jetzt bemächtigt sich ihrer die Zote, treibt Mutwillen mit dem Doppelsinn, defloriert sie am Ende und macht sie ebenso anrüchig, wie jene Wörter, die sie mit Ehren ersetzen sollten. Nun ist wieder die Prüderie an der Reihe, Neues mufs erfunden, wieder ein jungfräuliches Wort auf den bedenklichen Posten geschoben werden, — ein neues Opfer den losen Mäulern. Die Sache ist einleuchtend und Beispiele sind jedem zur Hand.«[1]) Namentlich in England, dem »klassischen Lande der Anständigkeit« hat man eine Unzahl »verpönter Ausdrücke« aus der Umgangssprache der Gebildeten entfernt. Wenn auf der anderen Seite neue Ausdrücke unserem Gefühle besonders wohl thun, so werden sie rasch zum Allgemeingut der Sprachgenossen, indem sie sich mit Windeseile von Mund zu Mund fortpflanzen. Sogar fehlerhafte Bildungen werden dann wohl in den Wortschatz aufgenommen. Im Kriegsjahre 1870/71 hat sich der Ausdruck »bei Muttern« erst durch das Heer und dann durch Deutschland verbreitet. Ebenso ist *Bismarcks* »Wurschtigkeit« schon in den allgemeinen Gebrauch übergegangen und wird vielleicht bald die »entschuldigenden Anführungsstriche« ablegen. »Dort war es eine grofse Zeit, hier war es ein grofser Mann, der das Gassenmäfsige salonfähig machte.«[2]) Unter den Mächten, die zur Veränderung innerhalb der Sprache drängen, gehört demnach auch das Gefühl. Unter allen Neubildungen an Wörtern und Formen werden bekanntlich die zweckmäfsigsten ausgelesen und in den Sprachgebrauch aufgenommen. Die »wesentlichen Mafsstäbe der Zweckmäfsigkeit« sind aber: »Kürze und Leichtigkeit der Aussprache, Deutlichkeit und Bestimmtheit des Ausdrucks, endlich Kraft und Nachdrücklichkeit der Rede,

---

[1]) *V. d. Gabelentz* a. a. O. S. 245. — [2]) Ebend. S. 45.

die vor allem auch in der Fähigkeit zur Gefühlsentladung und Gefühlserregung besteht.«[1])

Zum Schlusse noch ein kurzes Wort über den Unterricht in der Muttersprache. Er hat es als eine seiner wesentlichsten Aufgaben zu betrachten, dafs sich die Kinder gleichsam einfühlen in die Sprache, dafs der in der Muttersprache ruhende Gefühlsinhalt in ihrem Gemüte lebendig werde. Für diesen Zweck lassen sich namentlich die Lesestunden fruchtbar machen. Freilich darf man die »Erklärung« der Lesestücke nicht einseitig auf das Verständnis zuschneiden, zu welcher Verirrung mancher gedruckte Wegweiser treffliche Anleitung giebt. Insbesondere hat sich der Lehrer bei der Besprechung von Gedichten immer daran zu erinnern, dafs »alles Dichten vom Gefühl ausgeht und, wie es immer zum Objektiven fortgehen mag, im Gefühle bleibt,«[2]) dafs nicht nur da, wo es sich speziell um Schilderung einzelner Gefühlszustände handelt, sondern immer und überall in der Poesie alles stimmungsvoll sein soll.[3]) Was hat also der Lehrer bei der Besprechung eines Gedichts zu thun? Er hat lediglich im Gemüte des Kindes die Bedingungen wirksam zu machen, unter denen nach psychologischen Gesetzen die vom Dichter beabsichtigte Wirkung auf das Gefühl eintreten mufs. Von diesem Standpunkte aus mufs man sagen, dafs in den Anweisungen zur Besprechung von Gedichten auf der einen Seite an Wort- und Sacherklärungen viel zu viel, auf der anderen Seite wieder viel zu wenig gegeben wird. Man stürzt sich in der Regel mit grofsem Eifer auf die »Erläuterung« der Dunkelheiten, denen unser Denken und Wissen in einem Gedichte begegnen. Gewifs sind diese auch hinwegzuräumen. Aber die Hauptsache bleibt doch, das Gedicht dem Kinde in die Sprache des Gemüts zu übersetzen. Dazu ist es aber oft auch nötig, durch Umschreibungen oder andere Mittel dem Kinde den Gefühlswert gewisser, an sich ganz klarer Wörter und Formen zum Bewufstsein zu

---

[1]) *Paulsen*, Einleitung in die Philosophie, S. 203.
[2]) *Vischer* a. a. O. III. S. 1178. — [3]) Ebend. S. 1177.

bringen. Ich verweise nur auf das schon erwähnte Beispiel »mein Berg« aus *Schillers* »Spaziergang«, der selbstverständlich nur mit reiferen Schülern höherer Lehranstalten zu besprechen ist. Die Erläuterungen gehen fast ausnahmslos an dem »mein« achtlos vorüber; ist es doch dem Verstande nicht dunkel. Und doch unterschlägt jeder, der das Wort nicht beachtet, etwas von dem reichen poetischen Schatze des Gedichtes. Der Dichter verpflichtet mich durch das »mein«, die Schüler darauf aufmerksam zu machen, dafs zwischen ihm und dem Berge die gemütlichen Beziehungen alter, lieber Bekanntschaft vorhanden sind, was viel wichtiger ist als alle physiologischen, optischen und sonstigen naturwissenschaftlichen Erklärungen zu dem »rötlich strahlenden Gipfel«. Also man erläutere zuerst für das Gemüt, für den Verstand aber nur insoweit, als jener Zweck es erfordert. Nur dann wird sich das Kind einleben in die Sprache und deren Gefühlsinhalt als ihren wahren Reichtum und ihren schönsten Schatz für sein Herz erobern. Verfehlt der Sprachunterricht dieses Ziel, dann ist er umsonst. Jede Muttersprache ist nach *Jean Pauls* Ausspruch ein Völkerherz, das »Liebe, Leben, Nahrung und Wärme aufbewahrt und umtreibt.«[1]) Mit kalten Abstraktionen tötet man dieses Herz. Auch hier gilt *Goethes* weltumspannende Formel:

»Gefühl ist alles!«

---
[1]) S. W. XXXI. S. 58.

Verlag von HERMANN BEYER & SÖHNE in Langensalza.

Pädagogisches Magazin.

Abhandlungen vom Gebiete der Pädagogik und ihrer Hilfswissenschaften.

Herausgegeben von

Friedrich Mann.

Heft

1. Keferstein, Dr. H., Betrachtungen über Lehrerbildung. 2. Aufl. Preis 75 Pf.
2. Maennel, Dr. B., Über pädagogische Diskussionen und die Bedingungen unter denen sie nützen können. 2. Aufl. 45 Pf.
3. Wohlrabe, Dr. W., Fr. Mykonius, der Reformator Thüringens. 25 Pf.
4. Tews, Joh., Moderne Mädchenerziehung. Ein Vortrag. 2. Aufl. 30 Pf.
5. Ufer, Christian, Das Wesen des Schwachsinns. 2. Aufl. 25 Pf.
6. Wohlrabe, Dr. W., Otto Frick. Gedächtnisrede, gehalten im Halleschen Lehrer-Vereine. 40 Pf.
7. Holtsch, H., Comenius, d. Apostel des Friedens. 30 Pf.
8. Sallwürk, Dr. E. von, Baumgarten gegen Diesterweg. 25 Pf.
9. Tews, Joh., Sozialdemokratische Pädagogik. 2. Aufl. 30 Pf.
10. Flügel, O., Über die Phantasie. Ein Vortrag. 2. Aufl. 30 Pf.
11. Janke, O., Die Beleuchtung der Schulzimmer. 25 Pf.
12. Schullerus, Dr. Adolf, Die Deutsche Mythologie in der Erziehungsschule. 20 Pf.

Heft

13. Keferstein, Dr. Horst, Eine Herderstudie mit besond. Beziehung auf Herder als Pädagog. 40 Pf.
14. Wittstock, Dr. Alb., Die Überfüllung der gelehrten Berufszweige. 50 Pf.
15. Hunziker, Prof. O., Comenius und Pestalozzi. Festrede. 40 Pf.
16. Sallwürk, Dr. E. von, Das Recht der Volksschulaufsicht. Nach den Verhandlungen der württemberg. Kammer im Mai 1891. 25 Pf.
17. Rossbach, Dr. F., Historische Richtigkeit und Volkstümlichkeit im Geschichtsunterrichte. 40 Pf.
18. Wohlrabe, Rektor Dr., Lehrplan der sechsstufigen Volksschule zu Halle a. S. für den Unterricht in Geschichte, Geographie, Naturlehre Raumlehre, Deutsch. 40 Pf.
19. Rother, H., Die Bedeutung des Unbewufsten im menschl. Seelenleben. 30 Pf.
20. Gehmlich, Dr. Ernst, Beiträge zur Geschichte des Unterrichts und der Zucht in den städtischen Lateinschulen des 16. Jahrhunderts. 50 Pf.
21. Hollkamm, F., Erziehender Unterricht und Massenunterricht 60 Pf.

Zu beziehen durch jede Buchhandlung.

Verlag von HERMANN BEYER & SÖHNE in Langensalza.

Heft
22. Janke, Otto, Körperhaltung und Schriftrichtung. 40 Pf.
23. Lange, Dr. Karl, Die zweckmäßige Gestaltung der öffentlichen Schulprüfungen. 30 Pf.
24. Gleichmann, Prof. A., Über den bloſs darstellenden Unterricht Herbarts. Eine Studie. 60 Pf.
25. Lomberg, A. Groſse oder kleine Schulsysteme? 45 Pf.
26. Bergemann, Dr. P., Wie wird die Heimatskunde ihrer soz.-ethischen Aufgabe gerecht? 40 Pf.
27. Kirchberg, Th., Die Etymologie u. ihre Bedeutung für Schule und Lehrer. 40 Pf.
28. Honke, Julius, Zur Pflege volkstümlicher Bildung und Gesittung. 50 Pf.
29. Reukauf, Dr. A., Abnorme Kinder und ihre Pflege. 25 Pf.
30. Foltz, O., Einige Bemerkungen über Ästhetik und ihr Verhältnis zur Pädagogik. 80 Pf.
31. Tews, J., Elternabende. (Pädagog. Abende, Schulabende.) 25 Pf.
32. Rude, Adolf, Die bedeutendsten Evangelischen Schulordnungen des 16. Jahrhunderts nach ihrem pädagogischen Gehalte. 75 Pf.
33. Tews, J., Die Mutter im Arbeiterhause. Eine sozial-pädagogische Skizze. 20 Pf.
34. Schmidt, M., Zur Abrechnung zwischen Erziehung und Regierung. 20 Pf.
35. Richter, Albert, Direktor in Leipzig, Geschichtsunterr. im 17. Jahrhundert. 35 Pf.
36. Pérez, Bernard, Die Anfänge des kindlichen Seelenlebens. 60 Pf.
37. Bergemann, Dr. P., Zur Schulbibelfrage. Eine historisch-kritische Untersuchung. 50 Pf.
38. Schullerus, Dr. Adolf, Bemerkungen zur Schweizer Familienbibel. Ein Beitrag z. Schulbibelfrage. 20 Pf.

Heft
39. Staude, P., Das Antworten der Schüler im Lichte der Psychologie. 25 Pf.
40. Tews, Volksbibliotheken. 20 Pf.
41. Keferstein, Dr. Horst, E. Moritz Arndt als Pädagog. 75 Pf.
42. Gehmlich, Dr. E., Erziehung und Unterricht i. 18. Jahrhundert nach Salzmanns Roman Karl v. Karlsberg. 50 Pf.
43. Fack, M., Die Behandlung stotternder Schüler. 30 Pf.
44. Ufer, Chr., Wie unterscheiden sich gesunde und krankhafte Geisteszustände beim Kinde? 35 Pf.
45. Beyer, O. W., Ein Jahrbuch des franz. Volksschulwesens. 20 Pf.
46. Lehmhaus, Fritz, Die Vorschule. 40 Pf.
47. Wendt, Otto, Der neusprachliche Unterr. im Lichte der neuen Lehrpläne und Lehraufgaben für die höheren Schulen. 30 Pf.
48. Lange, Dr. K., Rückblicke auf die Stuttgarter Lehrerversamml.'30 Pf.
49. Busse, H., Beiträge zur Pflege des ästhetischen Gefühls. 40 Pf.
50. Keferstein, Dr. H., Gemeinsame Lebensaufgaben, Interessen und wissenschaftliche Grundlagen von Kirche und Schule. 40 Pf.
51. Flügel, O., D. Religionsphilosophie in der Schule Herbarts. 50 Pf.
52. Schultze, O., Zur Behandlung deutscher Gedichte. 35 Pf.
53. Tews, J, Soziale Streiflichter. 30 Pf.
54. Göring, Dr. Hugo, Bühnentalente unter den Kindern. 20 Pf.
55. Keferstein, Dr. H., Aufgaben d. Schule i. Beziehung auf das sozialpolitische Leben. 2. Aufl. 50 Pf.
56. Steinmetz, Th., Die Herzogin Dorothea Maria von Weimar und ihre Beziehungen zu Ratke und zu seiner Lehrart. Preis 50 Pf.
57. Janke, O., Die Gesundheitslehre im Lesebuch. 60 Pf.

Zu beziehen durch jede Buchhandlung.

Verlag von Hermann Beyer & Söhne in Langensalza.

Heft		Heft	
58.	Sallwürk, Dr. E. von, Die formalen Aufgaben des deutschen Unterrichts. 1 M.	80.	Thieme, Über Volksetymologie in der Volksschule. 25 Pf.
59.	Zange, F., Das Leben Jesu im Unterr. d. höh. Schulen. 50 Pf.	81.	Hiemesch, Die Willensbildung. 60 Pf.
60.	Bär, A., Hilfsmittel für den staats- u. gesellschaftskundlichen Unterricht. I. Heeresverfassungen. 1 M 20 Pf.	82.	Flügel, Der Rationalismus in Herbarts Pädagogik. 50 Pf.
		83.	Sachse, Die Lüge und die sittlichen Ideen. 20 Pf.
		84.	Reukauf, Dr. A., Leseabende im Dienste der Erziehung. 60 Pf.
61.	Mittenzwey, L., Die Pflege der Individualität i. d. Schule. 60 Pf.	85.	Beyer, O. W., Zur Geschichte des Zillerschen Seminars. 2 M.
62.	Ufer, Chr., Über Sinnestypen u. verwandte Erscheinungen. 40 Pf.	86.	Ufer, Chr., Durch welche Mittel steuert der Lehrer aufserhalb der Schulzeit den sittlichen Gefahren d. heranwachsenden Jugend? 40 Pf.
63.	Wilk, Die Synthese im naturkundlichen Unterr. 60 Pf.		
64.	Schlegel, Die Ermittelung der Unterrichtsergebnisse. 45 Pf.	87.	Tews, J., Das Volksschulwesen in d. gr. Städten Deutschlands. 80 Pf.
65.	Schleichert, Exper. u. Beobachtr im botan. Unterricht. 20 Pf.	88.	Janke, O., Die Schäden der gewerblichen u. landwirtschaftlichen Kinderarbeit f. d. Jugenderziehung. 60 Pf.
66.	Sallwürk, Dr. E. v., D. Arbeitskunde im naturwissenschaftlichen Unterricht. 80 Pf.		
		89.	Foltz, O., Die Phantasie in ihrem Verhältnis zu den höheren Geistesthätigkeiten. 40 Pf.
67.	Flügel, O., Über das Selbstgefühl. Ein Vortrag. 30 Pf		
68.	Beyer, Dr. O. W., Die erzieliche Bedeutung d. Schulgartens. 30 Pf.	90.	Fick, Über den Schlaf. 70 Pf.
		91.	Keferstein, Dr. H., Zur Erinnerung an Philipp Melanchthon als Praeceptor Germaniae. 70 Pf.
69.	Hitschmann, Fr., Über die Prinzipien der Blindenpädagogik. 20 Pf.		
70.	Linz, Friedrich, Zur Tradition u. Reform des französischen Unterrichts. 1 M 20 Pf.	92.	Staude, P., Über Belehrungen im Anschlusse an den deutschen Aufsatz. 40 Pf.
		93.	Keferstein, Dr. H., Zur Frage des Egoismus. 50 Pf.
71.	Trüper, J., Zur Pädagogischen Pathologie und Therapie. 60 Pf.	94.	Fritzsche, Präp. zur Geschichte des grofsen Kurfürsten. 60 Pf.
72.	Kirst, A., Das Lebensbild Jesu auf der Oberstufe. 40 Pf.		
73.	Tews, J., Kinderarbeit. 20 Pf.	95.	Schlegel, Quellen der Berufsfreudigkeit. 20 Pf.
74.	Mann, Fr., Die soziale Grundlage von Pestalozzis Pädagogik. 25 Pf.	96.	Schleichert, Die volkswirtschaftl. Elementarkenntnisse im Rahmen der jetzigen Lehrpläne der Volksschule. 70 Pf.
75.	Kipping, Wort und Wortinhalt. 30 Pf.		
76.	Andreae, Über die Faulheit. 60 Pf.	97.	Schullerus, Zur Methodik des deutschen Grammatikunterrichts (U. d. Presse.)
77.	Fritzsche, Die Gestalt. d. Systemstufen im Geschichtsunterr. 50 Pf.		
78.	Bliedner, Schiller. 80 Pf.	98.	Staude, Lehrbeispiele für den Deutschunterr. nach der Fibel von Heinemann und Schröder. 60 Pf.
79.	Keferstein, Rich. Rothe als Pädagog und Socialpolitiker. 1 M.		

Zu beziehen durch jede Buchhandlung.

Verlag von HERMANN BEYER & SÖHNE in Langensalza.

Heft	
99.	Hollkamm, Die Streitfragen des Schreiblese-Unterrichts. 40 Pf.
100.	Muthesius, K., Schillers Briefe über die ästhetische Erziehung des Menschen. 1 M.
101.	Bär, A., Hilfsmittel für den staats- u. gesellschaftskundlichen Unterricht. II. Kapitel. 1 M.
102.	Gille, Bildung und Bedeutung des sittlichen Urteils. 30 Pf.
103.	Schulze, O., Beruf und Berufswahl. 30 Pf.
104.	Wittmann, H., Das Sprechen in der Schule. 20 Pf.
105.	Moses, J., Vom Seelenbinnenleben der Kinder. 20 Pf.
106.	Lobsien, Das Censieren. 25 Pf.
107.	Bauer, Wohlanständigkeitslehre. 20 Pf.
108.	Fritzsche, R., Die Verwertung der Bürgerkunde. 50 Pf.
109.	Sieler, Dr. A., Die Pädagogik als angewandte Ethik und Psychologie. 60 Pf.
110.	Honke, Julius, Friedrich Eduard Beneke. 30 Pf.
111.	Lobsien, M., Die mechanische Leseschwierigkeit der Schriftzeichen 80 Pf.
112.	Bliedner, Dr. A., Zur Erinnerung an Karl Volkmar Stoy. 25 Pf.
113.	K. M., Gedanken beim Schulanfang. 20 Pf.
114.	Schulze, Otto, A. H. Franckes Pädagogik. Ein Gedenkblatt zur 200jähr. Jubelfeier d. Franckeschen Stiftungen, 1698/1898. 80 Pf.
115.	Niehus, P., Über einige Mängel in der Rechenfertigkeit bei der aus der Schulpflicht entlassenen Jugend. 40 Pf.
116.	Kirst, A., Präparationen zu zwölf Hey'schen Fabeln. (U. d. Presse.)
117.	Grosse, H., Chr. Fr. D. Schubart als Schulmann. 1 M 30 Pf.
118.	Sellmann, A., Caspar Dornau. 80 Pf.
119.	Grofskopf, A., Sagenbildung im Geschichtsunterricht. 30 Pf
120.	Gehmlich, Dr. Ernst, Der Gefühlsinhalt der Sprache. 1 M.
121.	Keferstein, Dr. Horst, Volksbildung und Volksbildner. 60 Pf.
122.	Armstroff, W., Schule und Haus in ihrem Verhältnis zu einander beim Werke der Jugenderziehung. 4. Aufl. 50 Pf.
123.	Jung, W., Der Haushaltungsunterricht in der Mädchen-Volksschule. 50 Pf.

Zu beziehen durch jede Buchhandlung.

Verlag von HERMANN BEYER & SÖHNE in Langensalza.

AUGUST HERMANN NIEMEYER, Grundsätze der Erziehung und des Unterrichts. Mit Ergänzung des geschichtlich-litterarischen Teils und mit Niemeyer's Biographie herausgegeben von Dr. WILHELM REIN. 2. Auflage. 3 Bände. Preis 8 M 50 Pf., eleg. gebunden 11 M 50 Pf.

I. G. FICHTE's Reden an die deutsche Nation. Mit Anmerkungen und Fichte's Biographie herausgegeben von Dr. THEODOR VOGT, Prof. an der Wiener Universität. 2. Aufl. Preis 2 M 50 Pf., eleg geb. 3 M 50 Pf.

ISAAK ISELIN's Pädagogische Schriften nebst seinem pädagogischen Briefwechsel mit Joh. Caspar Lavater, Ulysses von Salis und J. G. Schlosser. Herausgegeben von Dr. HUGO GÖRING. Mit Iselin's Biographie von Dr. EDUARD MEYER. 1 Band. Preis 3 M, eleg. gebunden 4 M.

J. LOCKE's Gedanken über Erziehung. Mit Einleitung, Anmerkungen und Locke's Biographie herausgegeben von Dr. E. von SALLWÜRK, Grofsherzogl. Badischem Oberschulrat. 2. Aufl. 1 Band. Preis 2 M 50 Pf., eleg. gebunden 3 M 50 Pf.

FRIEDRICH's des GROSSEN Pädagogische Schriften und Äufserungen. Mit einer Abhandlung über Friedrich's des Grofsen Schulregiment nebst einer Sammlung der hauptsächlichsten Schulreglements, Reskripte und Erlasse übersetzt und herausgegeben von Dr. JÜRGEN BONA MEYER, Professor der Philosophie und Pädagogik in Bonn. Preis 3 M, eleg. gebunden 4 M.

JEAN PAUL FRIEDRICH RICHTER's Levana nebst pädagogischen Stücken aus seinen übrigen Werken und dem Leben des vergnügten Schulmeisterleins Maria Wuz in Auenthal. Mit Einleitungen, Anmerkungen und Richter's Biographie versehen von Dr. KARL LANGE, Direktor der I. Bürgerschule zu Plauen i. Vgtl. 2. Auflage 1 Band. Preis 3 M 50 Pf., eleg. gebunden 4 M 50 Pf.

FÉNELON und die Litteratur der weiblichen Bildung in Frankreich. Herausgegeben von Dr. E. v. SALLWÜRK, Grofsherzogl. Badischem Oberschulrat. 1 Band. Preis 3 M 50 Pf, eleg. gebunden 4 M 50 Pf.

Dr. K. W. MAGER's Deutsche Bürgerschule. Schreiben an einen Staatsmann. Herausgegeben von KARL EBERHARDT, Grofsherzogl. Sächs. Schulrat und Bezirksschulinspektor. 1 Band. Preis 1 M 80 Pf., eleg. gebunden 2 M 80 Pf.

Dr. MARTIN LUTHER's Pädagogische Schriften u. Äufserungen. Aus seinen Werken gesammelt und in einer Einleitung zusammenfassend charakterisiert und dargestellt von Dr. H. KEFERSTEIN, Seminaroberlehrer zu Hamburg. 1 Band. Preis 3 M, eleg. gebunden 4 M.

SALZMANN's Ausgewählte Schriften. 2 Bände. Herausgegeben von E. ACKERMANN, Direktor der Karolinenschule und des Lehrerinnenseminars zu Eisenach. 2 Bände. Preis 5 M, eleg. gebunden 7 M.

MILTON's Pädagogische Schriften und Äufserungen. Mit Einleitung und Anmerkungen herausgegeben von Dr. JÜRGEN BONA MEYER, Professor der Philosophie und Pädagogik zu Bonn. Preis 75 Pf, eleg. gebunden 1 M 50 Pf.

Dr. WILHELM HARNISCH's Handbuch für das Deutsche Volksschulwesen. Mit Anmerkungen und Harnisch's Biographie herausgegeben von Dr. FRIEDRICH BARTELS. Preis 3 M 50 Pf., eleg. geb. 4 M 50 Pf.

In Vorbereitung begriffen sind: **Diesterweg, Sigismund, Fröbel, F. A. Wolf, Ratich u. a.**

Zu beziehen durch jede Buchhandlung.

Verlag von HERMANN BEYER & SÖHNE in Langensalza.

Die Elemente der Psychologie.
Anschaulich entwickelt und auf die Pädagogik angewandt
von
H. de Raaf,
Direktor des Königl. Lehrerseminars zu Middelburg.
Autorisierte Übersetzung aus dem Holländischen
von
W. Rheinen,
Hauptlehrer in Wickrathberg.

VI und 118 Seiten.   Preis 1 M. 60 Pf.

F. H. Th. Allihn's
Grundriss der Ethik.
Neu bearbeitet und erweitert
von
Otto Flügel.

XII und 272 Seiten.   Preis 4 M. elegant gebunden 5 M. 20 Pf.

Allgemeine
Philosophische Ethik.
Von
Dr. Tuiskon Ziller,
weil. Prof. an der Universität Leipzig.
Zweite Auflage.
Mit dem Bildnisse des Verfassers.
Herausgegeben von
Otto Ziller.

VIII und 465 Seiten.   Preis 10 M. elegant gebunden 12 M.

Abriss der
LOGIK
und die Lehre von den Trugschlüssen.
Dritte Auflage
von **Dr. F. H. Th. Allihn's**
Antibarbarus logicus.
Von **Cajus.**
Nebst einer Vorrede von **Sempronius.**
Herausgegeben von
O. Flügel.

VI und 110 Seiten.   Preis 1 M. 50 Pf., elegant gebunden 2 M. 30 Pf.

Skizzen
zur
Geschichte der Pädagogik.
Von
Fr. Regener,
Seminarlehrer in Braunschweig.

222 Seiten.   Preis 2 M. 50 Pf., gebunden 3 M. 50 Pf.

Ausführliche
KATALOGE
gratis und franko.

Zu beziehen durch jede Buchhandlung.